Vencendo o desafio
de escrever um romance

Dados Internacionais de Catalogação na Publicação (CIP)
(Câmara Brasileira do Livro, SP, Brasil)

Inoue, Ryoki
Vencendo o desafio de escrever um romance / Ryoki Inoue. – São Paulo : Summus, 2007.

ISBN 10 85-323-0347-1
ISBN 13 978-85-323-0347-9

1. Best-sellers 2. Romance – Arte de escrever I. Título.

07-0079   CDD-808.3

Índice para catálogo sistemático:

1. Romance : Arte de escrever : Literatura 808.3

Compre em lugar de fotocopiar.
Cada real que você dá por um livro recompensa seus autores
e os convida a produzir mais sobre o tema;
incentiva seus editores a encomendar, traduzir e publicar
outras obras sobre o assunto;
e paga aos livreiros por estocar e levar até você livros
para a sua informação e o seu entretenimento.
Cada real que você dá pela fotocópia não autorizada de um livro
financia um crime
e ajuda a matar a produção intelectual em todo o mundo.

Vencendo o desafio
de escrever um romance

Ryoki Inoue

summus editorial

VENCENDO O DESAFIO DE ESCREVER UM ROMANCE
Copyright © 2007 by Ryoki Inoue
Direitos desta edição reservados por Summus Editorial

Editora executiva: **Soraia Bini Cury**
Assistentes editoriais: **Bibiana Leme e Martha Lopes**
Capa: **Ana Clara Torres**
Diagramação: **Acqua Estúdio Gráfico**
Fotolitos: **Pressplate**

Summus Editorial
Departamento editorial:
Rua Itapicuru, 613 – 7º andar
05006-000 – São Paulo – SP
Fone: (11) 3872-3322
Fax: (11) 3872-7476
http://www.summus.com.br
e-mail: summus@summus.com.br

Atendimento ao consumidor:
Summus Editorial
Fone: (11) 3865-9890

Vendas por atacado:
Fone: (11) 3873-8638
Fax: (11) 3873-7085
e-mail: vendas@summus.com.br

Impresso no Brasil

Sumário

Prefácio 7
Introdução 9

1. O QUE É UM *BEST-SELLER* 15
   Características atuais de um livro de sucesso 16
2. TENDÊNCIAS DE MERCADO 23
   Por dentro do livro 23
3. O PÚBLICO-ALVO 31
   Tipos de leitor 34
4. A IDÉIA 37
   O que é idéia 37
   Em busca da idéia 47
5. O TEMA 59
   A escolha do tema 63
6. A PESQUISA 77
7. O INÍCIO DA CONSTRUÇÃO 89
   Planejamento 89

Análise e síntese 96

8. O CONFLITO 99

Apresentação do conflito 100

Desenvolvimento do conflito 103

Solução do conflito 103

9. OS GÊNEROS NARRATIVOS 105

Conto 106

Novela 107

Romance 107

10. MONTANDO O PROJETO LITERÁRIO 109

Esquema para projeto literário 111

Explicando o projeto 113

O percurso da ação dramática 138

11. ESTRUTURA DO ROMANCE 139

Montagem da história 144

Montagem do conflito 145

Solução do conflito 145

Os diálogos 147

Iniciando o texto 154

Conclusão 161

Anexo: Projeto Fraude verde 163

Prefácio

Quem conhece a obra de Ryoki Inoue sabe do extremo apuro com que ele elabora seus romances. Os contextos históricos e geográficos são exaustivamente pesquisados para que seus personagens se movam no cenário adequado. A linguagem elegante e os diálogos precisos fazem da leitura um prazer. Os conflitos centrais das narrativas – todo romance tem um conflito, ele ensina – se desenvolvem de forma a prender a atenção do leitor até o fim. Pois bem: Ryoki resolveu compartilhar sua técnica afiada com os candidatos a escritores. Há dez anos ele já havia dado um passo nessa direção ao publicar *O caminho das pedras*, um volume de normas que ensinavam a escrever bem. Agora, com *Vencendo o desafio de escrever um romance*, ele leva seu projeto a frente com um manual completo sobre como se aventurar com sucesso na literatura de ficção.

Escrever romances é um sonho recorrente de muita gente amiga das letras. Seja por um desafio pessoal, para se provar capaz de aderir à seara dos autores que admira, seja por vislumbrar uma possível carreira de escritor. Mas escrever um romance – sabe quem já tentou – significa percorrer uma longa jornada por terreno acidentado. Não basta uma boa idéia. Para chegar ao fim do percurso, é preciso levar na bagagem uma extensa lista de ferramentas, necessárias até para saber se a idéia inicial é realmente boa. Sem elas, o romance desmorona e se transforma num amontoado de palavras incapaz de atrair leitores. Todas essas ferramentas estão em *Vencendo o desafio de escrever um romance*. A obra impressiona pelo detalhamento com que o autor explica cada uma das etapas necessárias para chegar ao resultado que o título promete.

Para exemplificar suas lições, Ryoki cita no livro muitos autores de leitura imprescindível para quem quer escrever romances. Entre eles, Thomas Mann, o gigante da literatura alemã, autor de *A montanha mágica* e *Morte em Veneza*. Mann definia o escritor como "alguém que tem mais dificuldade em escrever do que as outras pessoas". Ryoki, ao que tudo indica, partilha da mesma opinião. Logo no início deste livro, do alto de seu cachimbo que emite vapores filosóficos, ele adverte que para construir um romance "é fundamental o sacrifício, o esforço, o deixar de lado momentos de lazer, de diversão, de sono". Até mesmo a boa forma física, ele alerta, é importante no processo. O autor diz que procura encarar as etapas da elaboração de um livro como pedras a serem removidas do caminho. Deparar com essas pedras, contudo, não produz desânimo, mas estímulo e desafio para seguir adiante. Ryoki explica como lidar com cada uma dessas pedras – a sinopse, o argumento, o *storyline*, a "síndrome da tela cinza do computador" e até mesmo a negociação dos direitos autorais com a editora. Mas, atenção: na prosa leve e bem humorada de Ryoki, essas advertências e orientações nunca soam ameaçadoras. As pedras de Ryoki sorriem. Até mesmo Stanislaw Ponte Preta, o rei da gozação no Rio de Janeiro dos anos dourados, é citado um par de vezes.

É bom esclarecer que poucos autores brasileiros seriam tão qualificados quanto Ryoki Inoue para escrever um manual como este. Ryoki tem no currículo 1.073 romances publicados, cifra que o alçou ao *Guinness* – a edição internacional, ressalte-se – como o autor que mais escreveu livros até hoje no mundo. Outra característica da obra de Ryoki que o habilita a passar adiante suas lições é a variedade de gêneros a que ele já se dedicou. Em matéria de ficção, o homem já escreveu de tudo, de suspense a faroeste, de histórias de amor a aventuras baseadas em fatos reais. A essa última categoria pertencem os mais recentes romances de Ryoki, inclusive alguns que estão para serem lançados, ficções solidamente lastreadas em acontecimentos históricos. Colossos nos quais se vê como funcionam, na prática, as lições que ele reúne neste manual.

Okky de Souza

Introdução

Plantar uma árvore, ter um filho e escrever um livro.

Esse velho adágio teria de ser mudado. Afinal de contas, não é todo mundo que gosta de plantas, não são todas as pessoas que gostam de crianças ou que podem tê-las. E, com certeza, são pouquíssimas aquelas que decidem escrever um livro – e que vão em frente nessa empreitada.

Mas, graças ao nosso bom Deus – não importando com qual forma ou nome Ele apareça –, há as que escrevem e ajudam de maneira inequívoca a provar para nós mesmos que, de fato, estamos no topo da escala zoológica: somos capazes de pensar, raciocinar e, o mais importante, comunicar nossos conhecimentos e emoções.

Contudo, essa comunicação precisa ser eficaz, bilateralmente prazerosa – tanto o escritor quanto o leitor devem sentir prazer – e durável – precisa continuar a funcionar o tempo todo, por décadas ou até mesmo séculos. Ou seja, quem ler o que foi escrito sempre há de aproveitar alguma coisa, mesmo que seja apenas o prazer de ler – o que, no meu humilde e modesto entender, praticamente resume todo o mérito.

Muita coisa aconteceu desde que, em 1995, escrevi *O caminho das pedras*, até mesmo o desafio lançado pelo *The Wall Street Journal*, de Nova York, para que eu escrevesse um livro em apenas seis horas, sob o olhar vigilante de um jornalista que ficaria ao meu lado para confirmar que eu estava mesmo produzindo matéria nova. O desafio foi vencido: a obra foi escrita entre 22h30 de uma quinta-feira e 4h da sexta-feira, com o próprio jornalista como protagonista e usando as notícias do telejornal das 20h como base do *plot* principal. O livro tem 160 páginas e foi publicado um ano mais tarde pela Editora Olho d'Água, com o título *O seqüestro fast food*.

Nesses vários anos de contínua vivência no meio editorial e de inúmeras experiências adicionais – algumas agradáveis e muitas terrivelmente desagradáveis –, aprendi muito. Seria injusto de minha parte não partilhar com os candidatos a escritor, que já me honraram com a leitura de *O caminho das pedras*, pelo menos uma parte desse aprendizado.

Assim surgiu a idéia de escrever esta obra, em que enfatizo as dificuldades que todo escritor, seja ele estreante ou não, encontra quando decide transpor para um livro suas idéias ou sonhos.

Sim, pois escrever um livro, de fato, é um sonho que se realiza; entretanto, se olharmos por um determinado prisma, pode muito bem ser encarado como um autêntico pesadelo.

Escrever um livro é trilhar um caminho cheio de pedras. E é tentando mostrar aos futuros escritores essas pedras, esses obstáculos, que este livro vem a público.

Na verdade, procuramos encarar toda e qualquer etapa da construção de um livro como uma pedra, um obstáculo a ser vencido. Não se trata, de forma nenhuma, de um enfoque pessimista. Ao contrário, imaginamos que a visualização das dificuldades pode servir como estímulo e desafio para aquele que escreve – ou pretende escrever – um livro.

Como em *O caminho das pedras*, procurei também aqui transmitir um pouco do processo de criação e metodologia de estruturação que me permitiram chegar aos 1.072 livros escritos e publicados. E admito que possa mesmo despertar a curiosidade da maioria das pessoas um indivíduo que consegue produzir uma média de 128 laudas por dia, laudas essas que formam uma história no mínimo coerente e diferente das outras já escritas por ele. Porém, no meu entender, essa mesma curiosidade deveria ir um pouco mais longe. Por exemplo, querer saber o que se faz com uma produção intelectual, como se transforma uma soberba montanha de palavras e frases em algo digerível, como viabilizá-la na forma de livro e como publicá-la.

Sem a menor sombra de dúvida, o primeiro passo é a criação. Ou seja, essa é a primeira pedra das muitas que o escritor encontrará em seu caminho.

É preciso ter imaginação?

Sem dúvida.

E imaginação é um dom divino?

Não apenas...

A imaginação é, antes de tudo, o resultado de um intenso e muitas vezes exaustivo treinamento, somado ao esforço de *metodizar* um processo de escrita que permita *criar um enredo* economizando o máximo possível de tempo e ganhando o máximo possível de linhas, sem prejudicar a qualidade da criação em si. Mas, veja bem: ganhar linhas não significa *encher lingüiça* nem simplesmente amontoar palavras e frases num trabalho sem nexo ou sentido. Tampouco é procurar substituir uma palavra por duas ou mais, apenas para ganhar espaço ou para tornar o texto mais *erudito*.

É bastante precisa a famosa frase "O sucesso é fruto de 90% de suor e 10% de talento".

Contudo, creio que seria melhor modificá-la um pouco: "O sucesso é fruto de 98% de suor, 1% de talento e 1% de sorte".

Está certo, admito: já sei que os pessimistas mais radicais dirão que atribuí uma percentagem muito pequena ao fator sorte...

Mas quero lembrar que ao homem cabe fazer a própria sorte, ou seja, não se deve dar muito crédito a essa história de *destino*.

É o esforço que acaba por fazer o destino de cada pessoa, e não a *simples vontade* de *entidades* ou *guias*, personagens estas um tanto quanto chegadas à pândega e que se divertem à larga observando – de uma dimensão ainda completamente desconhecida por nós, míseros mortais – nossos sofrimentos neste planeta. E quem seria capaz de negar que essas mesmas personagens não gostam de brincar conosco colocando pedras e mais pedras em nosso caminho?

Mas as pedras foram feitas para serem removidas, e os obstáculos para serem transpostos.

Assim, é fundamental o sacrifício, o esforço, o deixar de lado momentos de lazer, de diversão e de sono quando de fato temos a intenção de fazer alguma coisa – de transformar um sonho em realidade.

Aquele que decide escrever deve fazê-lo com toda a alma e com todo o corpo, lembrando sempre que é indispensável a *mens sana in corpore sano*. O que, entre mil outras coisas, significa que o organismo tem de estar absolutamente íntegro para que a produção seja efetivamente boa. Ou seja, nada de álcool, nada de drogas, nada de coisa nenhuma que *fabrique* uma situação mental falsa, que leve à irrealidade ou traga à tona fantasmas que estariam pacificamente *dormindo* no subconsciente.

Talvez alguns me perguntem o que tem que ver a saúde – entendida aqui como condicionamento e preparo físico – com o ato de escrever, especialmente se levarmos em conta que um sem-número de grandes escritores efetivamente não poderiam ser citados como exemplos de homens fisicamente sãos.

Devo lembrar que estamos falando de escrever romances do tipo que os americanos gostam de chamar de *best-sellers*, sejam eles classificados ou não como obras de *pulp fiction*.

Ora, uma das características – seria uma *virtude*? – principais desse tipo de obra é que ela deve ser lida pelo público *de uma só vez*, praticamente sem qualquer interrupção.

É mais ou menos lógico que essa característica implique, automaticamente, uma escrita também rápida e... *de uma só vez*. O que infere a necessidade de um certo preparo físico, não é mesmo?

É preciso admitir que uma pessoa com dor nas costas por causa de um desvio na coluna ou de um simples enfraquecimento dos músculos paravertebrais não consegue ficar debruçada sobre o teclado de um computador por quatro horas seguidas. Ela também não conseguirá, provavelmente, ficar pelo mesmo espaço de tempo pesquisando numa biblioteca ou nos arquivos de um jornal sobre o tema que pretende desenvolver como um romance.

Sim, pois a pesquisa é muito mais do que importante!

Outra característica de um *best-seller* é exatamente a sua *verossimilhança*, ou seja, a *semelhança com a realidade*, e isso só será possível se houver pesquisa – e muito bem-feita, diga-se de passagem.

Seria um absurdo, por exemplo, escrever num romance ou novela cujo palco de ação seja a Segunda Guerra Mundial que as armas usadas pelos aviões norte-americanos possuíam miras e aparelhos de colimação direcionados por raios *laser* – ou então que na batalha de Midway os japoneses utilizaram armas bacteriológicas.

É verdade que estamos tratando de ficção, mas o fato de uma obra ser ficcional não significa que se possa inventar à vontade, que se possam contar mentiras escabrosas – como atribuir frases ou palavras a personalidades reais que jamais poderiam ter sido ditas por elas.

Ora, para escrever um bom romance, uma história que possa ser verossímil apesar de meramente imaginária, é preciso pesquisar. Pesquisar o que de fato aconteceu para que se possa inventar *o que poderia ter acontecido*.

Além disso, se essa argumentação quanto à necessidade de *estudar o tema antes de começar a escrever* não for suficiente, gostaria de lembrar que esse é o *meu* processo criativo... E que nesta obra, obviamente já com muito mais experiência e vivência no mundo editorial, decidi incluir algumas das dificuldades por que passa um escritor desde o instante em que começa a *sonhar* com seu livro até o momento em que decide entregá-lo para publicação.

Creio ter conseguido alcançar meu intento, e o resultado está aqui, neste livro, exposto e posto à disposição de quem quiser tentar fazer uso dele.

Talvez o termo *processo de criação*, acima mencionado, seja inadequado. Creio que *criar* é um pouco mais do que apenas transportar para o papel uma idéia que se forma e dar-lhe a configuração de conto, novela ou romance. Melhor seria chamar de *método de estruturação*.

Enfim, não importa muito. Não estou preparando um livro para vestibular e muito menos publicando uma tese de doutorado. Estou tão-somente tentando transmitir a pessoas que gostam de escrever e ainda encontram alguma dificuldade em *montar* uma história a maneira mais simples que eu encontrei, depois de vinte anos labutando em literatura, de trabalhar melhor e mais rapidamente. E, da mesma forma desinteressada, deixo aqui algumas sugestões para vencer as pedras espalhadas pelo difícil e árduo caminho que se toma no momento em que se decide ser escritor.

Evidentemente, parto do pressuposto de que quem gosta de escrever e pretende *criar* um livro tenha pelo menos as noções básicas de gramática e ortografia. Por isso, não vamos nos ater a problemas dessa esfera técnica.

Assim, peço desculpas aos grandes mestres de literatura, peço que me perdoem os grandes *intelectuais* da arte de escrever e peço licença àqueles que, julgando-se donos de todo conhecimento que existe sobre os métodos de redação, já escreveram, antes de mim, sobre este mesmo assunto.

Minha intenção não é contradizer ninguém, não é polemizar, não é desfazer ou desprestigiar quem quer que seja.

É apenas ensinar a quem quiser saber o caminho das pedras...

O *meu* caminho das pedras. E, também, como podemos desviar das pedras que, com certeza, atrapalham nossa caminhada.

1. O que é um *best-seller*

Antes de mais nada, vamos tentar explicar o que é um *best-seller* e como enquadrar esse tipo especial de livro entre os milhares de outros que se pode encontrar no mercado.

Para tanto, partiremos da idéia de que o nosso objetivo é escrever um romance de sucesso, ou seja, um *best-seller* — isso do ponto de vista puramente comercial, pois o sucesso, nesse caso, será medido pelo número de exemplares vendidos, e não pela opinião da crítica.

Explico: um romance pode ser um sucesso entre os críticos, mas não entre os livreiros; pode ser ótimo em todos os sentidos, mas não vender.

E *best-seller*, ao pé da letra, significa *o que mais vende*.

Embora não haja um padrão definido entre as editoras brasileiras, levando em conta apenas a opinião de vários distribuidores e livreiros consultados, podemos dizer que:

> BEST-SELLER É O LIVRO QUE, NÃO IMPORTANDO O TEMA E EM NÍVEL NACIONAL, VENDE MAIS DE DEZ MIL EXEMPLARES NO ESPAÇO DE CEM DIAS.

Internacionalmente, o conceito de *best-seller* é bem diferente. No Japão, por exemplo, qualquer edição experimental de um título jamais tem menos de 100 mil exemplares, e nos Estados Unidos pensa-se com muita freqüência em edições iniciais de 150 a 300 mil exemplares. Ao mesmo tempo, devemos lembrar que, no Brasil, o índice de leitura é de 0,55 livros por habitante por ano, enquanto na Argentina, esse mesmo índice é superior a 8.

Qualquer livro, de ficção ou não-ficção, pode ser um *best-seller*. Exemplos de *best-sellers* entre livros de ficção: *O Código Da Vinci*, de Dan Brown; *O Alquimista*, de Paulo Coelho (edição da Rocco, pois a primeira edição não *emplacou*...); *Quando Nietzsche chorou*, de Irvin D. Yalom.

Cabe aqui fazermos uma sucinta diferenciação entre livro de ficção e livro de não-ficção.

> LIVRO DE FICÇÃO É AQUELE QUE VERSA SOBRE UMA HISTÓRIA TOTALMENTE IMAGINADA PELO AUTOR, ALGO QUE NÃO ACONTECEU NA REALIDADE.
>
> LIVRO DE NÃO-FICÇÃO É UM RELATO, ENSAIO, ESTUDO OU CONJUNTO DE PONDERAÇÕES SOBRE FATOS REAIS, SEJAM ELES CONCRETOS OU ABSTRATOS.

Podemos ter um livro de ficção, por exemplo, que tenha em sua temática fatos históricos, portanto reais; teremos então um livro de *ficção histórica*, no qual, com base em fatos que realmente aconteceram, o autor criou uma história fictícia.

E também podemos ter livros de não-ficção escritos em estilo de romance, chegando mesmo a dar a impressão de que se trata de uma ficção. É o que muito freqüentemente acontece nas biografias.

CARACTERÍSTICAS ATUAIS DE UM LIVRO DE SUCESSO

- Boa apresentação
- Bom título
- Temática de interesse do público leitor
- Trama envolvente

- Boa estruturação
- Boa linguagem
- Boa distribuição

Boa apresentação

Um livro precisa ser bem apresentado. Isso não quer dizer, essencialmente, que ele tenha de ser bonito, caro etc. Porém, a estética deve ser respeitada, valorada, seguida. Uma boa capa, um bom papel, as letras de tipologia adequada, tudo isso acaba facilitando a leitura e, conseqüentemente, a venda do livro. A capa, por exemplo, deve chamar a atenção, deve destacar o livro numa vitrina sem, contudo, ser *apelativa*. Hoje em dia, há uma séria tendência a apresentar capas foscas, com reserva de verniz (alguns detalhes em verniz brilhante e em relevo suave) e com cores fortes (laranja, vermelho, preto; os verdes e azuis são utilizados em capas mais específicas, de livros com temas de ecologia ou de aventuras no céu ou no mar). O objetivo é dar-lhes destaque no meio da miríade de livros que há nas livrarias e demais pontos-de-venda.

Na execução morfológica do livro – e chamamos aqui de morfologia apenas o formato físico final da obra – é preciso levar em conta o público-alvo, ou seja, o tipo de leitor que se pretende atingir. É mais do que evidente que um livro destinado a leitores do sexo masculino podem e devem ter capas mais fortes, quase beirando o *apelativo*, ao passo que aquelas obras destinadas a um público feminino devem ter capas mais leves e delicadas. Já um livro cujo público-alvo é mais intelectualizado – infelizmente, às vezes apenas pseudo-intelectualizado – não necessita de uma capa com muito trabalho gráfico. As letras, com no máximo alguma coisa a mais (por exemplo, uma mancha colorida ou a cor das letras), bastam para distinguir o livro de outros na prateleira.

No que diz respeito ao miolo é necessário lembrar que, no ato da leitura, o organismo humano despende energia mental e física. Mental, na decifração da combinação de letras, na compreensão, interpretação e assimilação do texto. Física, no esforço de leitura propriamente dito, ou seja, no ato de segurar o livro, virar as páginas e... ler. Ler — e falamos do trabalho dos olhos, apenas — implica um contínuo movimento das musculaturas intrínseca e extrínseca ao globo ocular, movimentos estes que serão tanto mais cansativos quanto menores forem as letras e quanto mais *duras* elas forem. E, paradoxalmente, as letras lisas, sem serifa, são as mais duras. Assim, para o miolo, recomendamos sempre que seja utilizada uma família tipológica serifada — Times New Roman ou Garamond, por exemplo. No caso de apostilas, é diferente. A tipologia Arial é a de eleição, por haver menos probabilidade de *borrar* nas máquinas de reprografia em que normalmente essas apostilas são rodadas.

Além da tipologia e do tamanho das letras, é muito importante o tamanho da *mancha*, a área da página que abriga a impressão — o que vale dizer que a dimensão das margens é importante. Ela deve ter no mínimo 18 milímetros de largura, que é o espaço que ocupa o polegar do leitor ao segurar o livro aberto para a leitura, sem atrapalhar e cobrir parte da *mancha*, o que obrigará a uma mudança constante do modo de segurá-lo.

Por fim, o acabamento da lombada do livro deve ser perfeito, pois é aí que reside a maior parte dos seus problemas de conservação: as lombadas simplesmente coladas possuem uma triste e desesperadora tendência a quebrar e soltar as folhas. Por isso mesmo é nossa recomendação que os livros tenham lombada *colada e costurada*.

Um livro que se desmancha com o uso ou com o tempo jamais conseguirá ser um *best-seller*, mesmo porque terá pequena chance de passar para a posteridade.

Bom título

Um romance que fale de um reencontro de dois amantes após vinte anos de separação e que não fale de tambores ou de cornetas pode muito bem se chamar *Nem cornetas, nem tambores*. Contudo, mostra uma extrema falta de imaginação do autor e, partindo-se do pressuposto que não houve criatividade para dar o título, podemos pensar com piedade sobre a criação do texto...

O título deve ter pelo menos alguma relação com a trama, com o desenrolar da história. E deve ser impactante, sem ser chocante.

Um romance que fale sobre traição de amantes, crime passional e fortíssimas emoções pode ser chamado *Sangue sob os lençóis, Amor, paixão e morte* ou, simplesmente, *Por quê, Soraya?!* Muito provavelmente, o último título terá maior sucesso, uma vez que já, de *per si*, deixa margem e campo aberto à curiosidade do leitor. Já outros, como *A traição de Soraya* ou *Paixão assassina*, certamente não seriam bons porque já contam parte da trama.

Além disso, é preciso lembrar que um título não deve ter mais do que 16 caracteres, porque a mente humana é capaz de ver, interpretar, absorver e memorizar – sem ler – no máximo 16 caracteres. Estudos feitos com base nos ideogramas japoneses e chineses comprovam essa teoria. E deve-se ter em mente que é preciso *registrar* não apenas o título do livro, mas também o nome do autor, associando uma imagem à outra.

Podemos notar que a tendência atual é a de ver títulos curtos ou, no mínimo, razoavelmente curtos, em romances que fizeram muito sucesso. Assim, por exemplo, *O advogado*, de John Grisham; *Labirinto*, de Kate Mosse; *Ponto de impacto*, de Dan Brown.

Temática de interesse do público leitor

Na escolha da temática, o autor deve ter em mente que está escrevendo para vender, e não apenas por uma questão de realização ou de vaidade pessoal. O objetivo de quem se propõe a escrever um *best-seller* é – como já está explícito, expresso e pleonasticamente claro no próprio termo *best-seller* – vender. E só se consegue vender aquilo que alguém quer comprar.

Assim, a pesquisa de mercado é importante para que o autor saiba que tipo de temática interessa ao público que pretende atingir. Nos dias de hoje, o tema abordado por Francisco de Barros Júnior em *Caçando e pescando por todo o Brasil*, que na década de 1950 foi um sucesso absoluto, hoje seria condenado por todos como *ecologicamente errado*. Da mesma maneira, um romance que fale sobre o *mensalão* estaria condenado às prateleiras de encalhe, já que o público está mais do que farto de ouvir e ler sobre corrupção, política malfeita e etc. Em contrapartida, temáticas que abordam o lado espiritualista da vida têm muito mais possibilidade de sucesso, pois o ser humano, nos dias de hoje, começa a se convencer de que a vida não é apenas a matéria.

Trama envolvente

O leitor precisa se envolver completamente com o contexto do romance. Isso só é possível se houver identificação do leitor com pelo menos um protagonista ou, no mínimo, com um local da obra.

Quando tratarmos de *conflito dramático*, abordaremos com mais detalhes os três pilares de uma boa trama: motivação, correspondência e ponto de identificação.

Boa estruturação

Um bom romance – e com possibilidades fortes de se tornar um *best-seller* – precisa ser estruturado de tal forma que impeça o leitor de parar de ler.

Isso significa manter um clima de suspense durante todo o texto, com *enganchamentos* bem caracterizados entre os capítulos e subcapítulos. Também quer dizer que o autor não deve *entregar o ouro* logo nas primeiras páginas.

Porém, ele deve dar uma pequena e rápida imagem de onde está esse ouro. Mas, para poder fazer isso, precisa saber exatamente o que pretende com sua história, em que ponto está em cada momento da elaboração do texto e, principalmente, onde quer chegar.

E é por isso, pela necessidade de saber onde chegar, que eu sempre aconselho a começar a escrever um romance pelo fim. O que, é óbvio, não significa que o formato final do livro venha a ser esse, ou seja, o fim será o começo e o começo será o fim. *Escrevê-lo* do fim para o início torna-se mais fácil para o autor e, provavelmente, faz que sejam evitadas muitas dores de cabeça... Sem contar que o texto pode ficar mais rico e mais atraente.

Trataremos disso com mais detalhes quando abordarmos *backward motion* e *forward motion*.

Nos dias de hoje, em que a média da população leitora tornou-se mais exigente no que concerne à organização de seu cotidiano (tendo em vista o acúmulo de tarefas diárias e a popularização da informática, que por si só já leva a uma maior racionalização de atitudes no que diz respeito a trabalho), a boa estruturação de qualquer coisa que se faça é condição *sine qua non* para o sucesso.

Boa linguagem

É obrigação de todo autor – em especial, dos romancistas – escrever de uma maneira que qualquer um possa entendê-lo. Usar termos rebuscados, entrar nos preciosismos literários, lançar mão de compridas e complicadas filosofias para explicar um fato que seria corriqueiro pode ser muito bonito num ensaio. Num *best-seller*, é absolutamente condenável.

É mais do que evidente que, neste item, também devemos levar em consideração o público-alvo. Um romance destinado a leitores de Françoise Sagan obrigatoriamente terá uma linguagem diferente e muito mais elaborada do que um outro cujo público-alvo seja o de leitores de Harold Robbins.

Atualmente, a tendência à simplificação, presente em quase todas as atividades humanas, praticamente exige que a linguagem utilizada num romance destinado a uma grande massa de leitores seja enxuta, simples, concisa e precisa.

Boa distribuição

Falar sobre distribuição de livros pode parecer até mesmo intempestivo, impertinente e extravagante a um escritor. Contudo, não o é.

O autor, como verdadeiro *fornecedor* de matéria-prima para um produto – o livro não deixa de ser um produto de mercado, uma mercadoria, realmente, por mais chocante que isso possa parecer –

precisa se preocupar com a forma como seu produto final será comercializado. Assim, é importante que ele saiba de que forma a distribuição será feita.

Basicamente, há seis formas de vender livros: nos lançamentos, nas livrarias, nas bancas, nos pontos-de-venda mais heterodoxos, por mala-direta e de porta em porta. Falaremos sobre isso detalhadamente mais adiante.

2. Tendências de mercado

Já no instante em que um escritor se propõe a escrever um romance *best-seller*, ele deve se preocupar com as *tendências de mercado*, ou seja, com o tipo de leitura que está sendo sucesso.

POR DENTRO DO LIVRO

Em resumo, o autor deve *correr atrás* da demanda.
Assim, é importante que ele conheça:

- As temáticas atuais
- Tamanho do livro
- A tendência da linguagem a ser utilizada
- A morfologia do livro
- A tiragem
- O preço
- A distribuição

As temáticas atuais

Lembro que estamos pondo em pauta apenas livros de ficção. Isso quer dizer que discutiremos apenas as temáticas para romances, novelas e contos.

Assim, as seguintes temáticas têm, ultimamente, despertado o interesse do público – e conseqüentemente dos editores:

- Problemas de esfera social
- Aventuras de modo geral
- Problemas de esfera psicológica
- Temáticas para leitura de lazer
- Assuntos místicos e esotéricos
- Infantis e infanto-juvenis[*]

Problemas de esfera social

Neste item estão incluídos os romances de tema policial, político, político-policial, dramas que abarcam os problemas de distribuição de renda e cultura, conflitos que envolvem as religiões, sua aceitação e papel na sociedade.

Pertencem a esta classe de romances aqueles que falam do amor, mesmo porque podemos dizer que a base maior de qualquer sociedade – para desespero dos sociólogos teóricos – é realmente o amor. Logo, não há nada mais social do que o amor...

Também estão incluídos os romances de ficção histórica e todos aqueles cujos temas dizem respeito à relação do homem com o meio ambiente, com seus semelhantes e com ele mesmo – desde que convivendo em sociedade.

Estamos falando das tendências de mercado *atuais*. Isso não quer dizer – que fique bem claro – que estejamos obrigados a produzir romances *sobre a atualidade*. Podemos, é evidente, localizar nossa história em qualquer parte do tempo, passado, presente e até mesmo futuro. O que importa é que consigamos focar nosso texto em problemas da sociedade *na época* em que acontece a nossa história, e de preferência de uma forma tal que seja possível ao leitor relacioná-los com os problemas e conflitos vivenciados nos dias de hoje.

---

[*] Já mencionados nos itens "Aventuras de modo geral" e "Temáticas para leitura de lazer".

Aventuras de modo geral

Aqui devem ser incluídos os romances que falam única e exclusivamente de aventuras *inventadas*. Que só aconteceram na cabeça do autor.

Segundo Vladimir Propp, etnólogo soviético e um dos maiores estudiosos da fábula (por definição, toda e qualquer narrativa fantasiosa, portanto o melhor sinônimo para ficção), ela é composta por trinta situações, muito embora diversas fábulas tenham apenas parte delas. O importante é notar que a seqüência dessas situações se repete sempre.

Com o devido respeito ao ilustríssimo Propp, achamos por bem reduzir um pouco essa lista de situações; depois de muito enxugar, chegamos à conclusão que o núcleo das fábulas pode ser composto por nove situações, que se repetem em qualquer história de aventura:

- A temporalidade é no passado
- Alguém infringe uma regra
- Alguém descobre essa infração
- Surge o herói
- O infrator é perseguido
- Acontece uma luta entre o herói e o infrator
- O herói apanha o infrator
- O infrator é punido
- O herói é premiado

Os livros modernos de aventura – especialmente os infanto-juvenis – encaixam-se perfeitamente nessa matriz, ainda que as infinitas variações os levem a ser completamente diferentes uns dos outros.

E, na realidade, a coisa não é nem um pouco diferente nos livros de aventuras para os adultos... Basta ver as obras de James Clavell (*Changi* é um ótimo exemplo), ou as de Somerset Maugham (*Histórias dos mares do sul*, *O fio da navalha*).

Problemas de esfera psicológica

Desde há muitas décadas os romances de cunho psicológico são bem apreciados e até mesmo desejados pelo público leitor. E, quando bons, sempre permanecem *atuais*.

São romances que, em sua grande maioria, refletem os conflitos do próprio autor e do meio em que ele vive. E lembremos que os conflitos humanos são exatamente os mesmos desde que a humanidade existe.

Por isso, esses bons *romances psicológicos* jamais *saem de moda*. Podemos citar, entre milhares, *América* e *O processo*, de Franz Kafka, que se encaixam perfeitamente na vida cotidiana do homem do século XXI, sofrendo com seus problemas existenciais.

Temáticas para leitura de lazer

São aqueles romances escritos com a única finalidade de proporcionar ao leitor alguns momentos de sonho, de fantasia e, claro, de lazer descompromissado.

O bom autor desse tipo de literatura não tem a menor pretensão de mostrar erudição, de se aprofundar em problemas sociais ou psicológicos. Ele apenas narra uma história.

Porém, é de extrema importância saber que, se o leitor não tem nenhuma responsabilidade maior com essa leitura, o autor a tem, sim.

Ele deve lembrar que seus leitores – a maioria, com certeza – são pessoas que estão *começando a ler*, começando a apreciar e sentir o prazer da leitura. Estas, obviamente, não procurarão começar as suas *carreiras de leitores* com um livro do porte de *A montanha mágica*, de Thomas Mann, mas sim com algo bem mais leve e mais fácil, como *Um plano simples*, de Scott Smith.

Ambos são livros excelentes, evidentemente cada um em seu gênero, tema e estilo. O público-alvo é que é completamente diferente.

Os leitores de Thomas Mann, com certeza, são pessoas não apenas acostumadas a ler, mas que também possuem um alto nível cultural – caso contrário não seriam capazes de entender a leitura. Já os fãs de Scott Smith podem não ser tão *aculturados* assim, mas nem por isso deixam de gostar de ler – ou virão a gostar ainda mais de ler porque apreciaram o que leram nas páginas de *Um plano simples*. Eles entenderam perfeitamente o enredo e, o que é ainda mais importante, conseguiram *visualizar as imagens* descritas por Smith, identificando-se com pelo menos um personagem e integrando-se com o texto.

Autores como Scott Smith têm como público-alvo um grande número de pessoas cujo cabedal cultural ainda está em formação. Justamente por isso, a responsabilidade de quem escreve para esse público é muito grande. A informação contida no texto tem de ser perfeita, correta, precisa. Esse público não pode ser vítima de desinformação. Isso seria um crime cometido pelo autor – e sem perdão.

Daí a chamada *literatura de lazer* desempenhar um papel social importantíssimo: ensinar a gostar de ler.

Nos dias atuais, esse novo gênero literário tem sido bastante impulsionado, e o número de leitores já suficientemente *aculturados* e com bastante conhecimento literário tem aumentado, principalmente por causa da vida acachapante que se leva nas cidades maiores e por causa do ritmo de trabalho avassalador a que estão obrigados. Eles querem ler para se distrair. Não para ficar, depois da leitura de uma página, horas e horas tentando destrinchar a essência do que o autor quis dizer, e menos ainda tentando fugir de uma identificação involuntária com o personagem depressivo e carregado de problemas que o autor inventou. Esse tipo de leitor quer apenas passar o tempo, quer sonhar, quer se identificar com um personagem que ele gostaria de ser na vida real.

Contudo, ao mesmo tempo, ele não quer receber uma informação errada. Não quer ler que o personagem – justamente aquele com quem ele estava se identificando – sai de Nova York com destino a Washington D.C. numa viagem urgente, para solucionar um caso de vida ou morte, e o autor diz que ele passou por Dallas, no Texas, para uma escala técnica do avião. Essa informação errada mostra que o autor não conhece absolutamente nada da geografia dos Estados Unidos... E o leitor, irritado, fecha o livro e joga-o longe.

Essa mesma desinformação, se coletada por alguém que realmente não sabe que não se vai de Nova York para Washington D.C. passando por Dallas, com certeza vai induzir o pobre leitor a, num comentário inocente, dizer uma barbaridade e passar por ridículo. E, mesmo que ele jamais tenha a oportunidade de tecer um comentário desse tipo, ele terá armazenado em sua memória uma informação errada. E ensinar errado jamais se pode fazer.

O autor de literatura de lazer tem duas obrigações principais com respeito às obras que produz: levar distração ao leitor e instruir aqueles que não sabem.

E eu acrescentaria mais uma: não irritar os que sabem.

Assuntos místicos e esotéricos

Volto a lembrar que estamos falando de *romances*, portanto de obras de ficção. Assim, neste item não tratamos de livros *sobre* misticismo e esoterismo, mas sim de romances que têm como tema essas duas correntes.

Também não falamos aqui dos *romances psicografados*. Esses fazem parte de um outro grupo, completamente diferente e que podem e devem ser encaixados entre os *ensaios* místicos e esotéricos. Apesar de terem estrutura de romance.

A novela *Horizontes perdidos*, de James Hilton, pode ser citada como exemplo de um romance de aventura *místico*. O mesmo pode se dizer de *O diário de um mago*, de Paulo Coelho.

É importante salientar que um romance com condições de se tornar um *best-seller* deve misturar algumas das tendências de mercado citadas aqui.

Assim, teremos um romance de *aventura*, abordando *problemas de esfera social* e *psicológica*, com incursões em *assuntos místicos e esotéricos*, tudo isso escrito de forma a ser uma *leitura de lazer*.

Um exemplo de livro assim?

Dou três: *A bruxa*, *O nome não importa* e *Herança maldita*. Todos eles produzidos por este que vos escreve, como diria nosso grande mestre Stanislaw Ponte Preta – ou Sérgio Porto, seu nome verdadeiro.

Tamanho do livro

Todo livro de ficção que esteja destinado a ser comercializado em livrarias, bancas ou outros pontos-de-venda deverá medir 14 cm x 21 cm ou 16 cm x 23 cm, ter capas bem feitas e com orelhas (para não entortarem), utilizar papel de boa qualidade e apresentar letras bem nítidas, para evitar o cansaço visual. Livros menores, tipo *pocket book*, ainda não encontram mercado no Brasil, mas já começa a surgir uma tendência editorial nesse sentido. Esperamos que os *pockets* possam se firmar por aqui também.

Linguagem utilizada

Não importando qual seja a temática abordada, a linguagem empregada deverá sempre ser simples, clara, concisa e absolutamente compreensível. O autor deverá lembrar que está escrevendo para que alguém o leia e o compreenda, e não para pôr para fora os próprios fantasmas, que, infelizmente, na maioria dos casos não têm lá grande facilidade de se expressar – tanto assim que são fantasmas.

A tendência à simplicidade vem se firmando a cada dia e pode ser justificada pela crescente necessidade da clareza da comunicação e da informação.

Especialmente na chamada *Literatura de lazer*, é necessário ter em mente que o leitor está procurando uma leitura para *relaxar*. Ele, com certeza, não verá a menor graça em ter nas mãos um livro que o obrigue a usar um dicionário para poder entendê-lo.

Morfologia

Diz respeito à apresentação gráfica como um todo, o que significa desde a capa até o miolo, o papel, a tipologia empregada, as cores etc. Já mencionamos esse assunto linhas acima.

A tendência atual – justamente para facilitar a leitura – é a de usar tipologia serifada e com tamanho um pouco maior do que há algumas décadas. Hoje o tamanho mais utilizado é o 13. E as entrelinhas devem ser proporcionais ao tamanho das letras.

Tiragem

Dependerá das condições de mercado, do autor e do editor. Contudo, a média brasileira de tiragem para uma edição inicial é de 3 mil exemplares.

Preço

Depende de uma infinidade de fatores. A tendência atual é de que um livro médio (aproximadamente 256 páginas) custe em torno de R$ 40.

Distribuição

É de responsabilidade da editora. Assunto complexo, é a imensa pedra no sapato de qualquer escritor.

3. O público-alvo

Partindo do princípio de que um escritor escreve para ser lido, é mais do que óbvio que ele precisa saber *para quem* escreve.

Pode-se dizer que a definição do público-alvo já nasce com o escritor. Isso porque são poucos os autores capazes – melhor dizendo, *capacitados* – de escrever sobre vários temas e de forma a sempre atrair os leitores. E é importante lembrar que há leitores para todos os gêneros...

Assim, quando o autor inicia a sua carreira, via de regra ele *assume* um gênero, no máximo dois. Ele pode adotar o tema policial e, também, o tema de espionagem. Pode escolher o tema de amor e, ao mesmo tempo, aventura. Pode misturar num mesmo romance alguns temas, mas seu trabalho sempre *puxará* para um deles. Ou seja, a essência do romance terá como tema o policial, ou amor, ou suspense, ou espionagem, ou aventura. E esse foco será dado pelo *plot* principal, coisa que veremos daqui a pouco.

Portanto, Harold Robbins escreve para um público que gosta de *thrillers*, enquanto Paulo Coelho para um enorme grupo de leitores que apreciam misticismo e esoterismo.

No caso do autor iniciante, a coisa funciona de forma um pouco diferente. Em primeiro lugar, ele ainda não está bem definido quanto à maneira como deve desenvolver seu trabalho.

Ora, sabendo quem será o seu leitor, essa tarefa fica mais fácil.

Por exemplo: se o autor decide que vai escrever para um público do sexo masculino, com idade de 16 a 35 anos e que gosta de filmes de ação, certamente escolherá como tema um policial. Se o público for feminino, dentro da mesma faixa etária e que prefira filmes românticos, certamente optará por um tema de amor. Evidentemente, ele pode misturar os temas à vontade, mas um deles sempre predominará.

Logo, ao determinar o tema, o autor estará escolhendo o público-alvo, mesmo que involuntariamente, mesmo que não o saiba.

Contudo, é de suma importância que esse autor *controle seus instintos* e estude o público que ele pretende atingir.

De nada adiantaria escrever um livro sobre caçadas e pescarias para uma comunidade de ecologistas xiitas. Ou um romance apimentado, cheio de cenas de amor e sexo, visando atingir, como público-alvo, os seminaristas e os adeptos do *Opus Dei*.

Nunca é demais lembrar, no entanto, que o público-alvo definido muito provavelmente possui, no mínimo, algum conhecimento sobre o assunto – isso sem contar que o autor corre o risco de o leitor saber até mesmo muito mais do que ele sobre o que estará lendo.

Daí a necessidade de pesquisar sobre o assunto, de se preparar e... de não errar.

A conquista do público-alvo será determinada pela capacidade do texto de fazer o leitor se identificar com o que está escrito. Diferentes públicos têm diferentes preferências. Assim, uma população de adolescentes certamente preferirá leituras de ação, donas-de-casa de meia-idade gostarão mais de romances de amor e executivos darão preferência a histórias que envolvam intrigas e encrencas no mundo dos negócios.

Portanto, é preciso levar em conta, nos dias de hoje, que:

- As mulheres lêem muito mais do que os homens;
- As mulheres compram muito mais livros do que os homens;
- Nas classes sociais de poder aquisitivo suficiente para comprar livros, as mulheres possuem uma cultura geral muito mais apurada que os homens;

- As mulheres estão se destacando cada vez mais no mundo dos negócios, das finanças e em praticamente todos os setores de atividades que até algumas décadas atrás eram *campo de caça* exclusivo dos homens. E estão desempenhando essas funções tão bem ou muito melhor do que os representantes masculinos;
- Já se foi o tempo em que as mulheres ficavam lendo romancinhos *água-com-açúcar*. Hoje em dia elas têm preferências compatíveis com as suas funções extradomiciliares, ou seja, as leituras que até pouco tempo atrás seriam catalogadas de *leituras para homens* hoje são adquiridas, lidas e muito bem interpretadas pelas mulheres;
- Em relação ao público-alvo, as mulheres serão sempre muito mais representativas do que os homens.

São duas as regras que imprescindivelmente devem ser seguidas no tocante ao público-alvo:

- É preciso ter como público-alvo populações com as quais se consiga ter uma identificação, e que, de alguma forma, o interessem.
- Escreva sempre imaginando que o seu leitor conhece, no mínimo, tanto quanto você sobre o tema.

E essa segunda regra é fundamental. Daí a importância da pesquisa aprofundada, mesmo para um romance *água-com-açúcar*. Não é porque o tema não representa algo sério e de responsabilidade que lhe será permitido escrever qualquer coisa, *chutar* dados e informações sem nenhuma base.

Ao mesmo tempo, não queira ser professoral – afinal de contas, você não está numa sala de aulas –, extremamente didático e profundo, a não ser que o seu público-alvo o permita e até mesmo o exija. Contudo, também não seja superficial demais, vago a ponto de deixar muitas dúvidas, especialmente quanto à localização de sua história no espaço e no tempo. O leitor gosta de saber em que terreno está pisando e, acima de tudo, precisa *acreditar* no autor.

No caso de um *thriller*, muito provavelmente não será necessário que você dê uma verdadeira aula sobre, por exemplo, a geopolítica de Sumatra. Basta dar uma visão geral da ilha, de sua política e de seu povo. E fixar-se com mais detalhes nos pontos em que Sumatra interfere no percurso dramático de sua história.

O BOM AUTOR NÃO SENTE NENHUMA NECESSIDADE DE PROVAR QUE SABE. ELE SIMPLESMENTE TRANSMITE CONHECIMENTO DE FORMA DISCRETA E SUAVE, COMO SE ESTIVESSE COMENTANDO O ASSUNTO COM ALGUÉM QUE CONHECE TANTO QUANTO ELE.

TIPOS DE LEITOR

Além do conhecimento de quem será o público-alvo, é de todo interessante ter uma noção dos tipos de leitor que existem *pela aí* (Ave, Stanislaw!).

Basicamente temos:

- Leitores intelectuais
- Leitores intelectualizados
- Leitores pseudo-intelectuais
- Leitores-padrão
- Leitores críticos
- Leitores comuns

Leitores intelectuais

Verdadeiros. São aqueles que conhecem literatura, que têm boa noção de conhecimentos gerais e que têm no livro uma fonte de lazer, de informação e de conhecimento.

Leitores intelectualizados

São os que, embora não sejam *doutores*, têm conhecimento de causa e também têm no livro uma fonte de lazer, de informação e de conhecimento.

Leitores pseudo-intelectuais

São os que acham que são intelectuais. Não conseguem enxergar nos livros nada além de erros. Ninguém é bom a não ser seus gurus preestabelecidos. O engraçado é que esses gurus, geralmente, são outros pseudo-intelectuais, apenas de lábia um pouco melhor. Leitores pseudo-intelectuais apenas criticam, e, na imensa maioria das vezes, criticam para destruir.

Leitores-padrão

São aqueles que precisam ler o livro no original, antes da publicação. Não criticam em detalhes, apenas dizem para o editor se a obra pode atingir o público-alvo ou não.

Leitores críticos

São os críticos profissionais. São eles que vão dar a palavra final ao editor; enfim, são eles que acabam por definir se um livro tem ou não condições de ser publicado.

Leitores comuns

São os leitores que compram livros para ler porque gostam de ler, sem estabelecer quaisquer compromissos com uma linha filosófica ou literária. São os melhores como público-alvo, pois estão em busca apenas de leitura de lazer.

É para esse público leitor que escrevemos e, portanto, temos de levar em conta suas exigências:

- Lazer
- Informação
- Identificação com a realidade
- Identificação com o protagonista
- Sonho

4. A idéia

Um livro, como qualquer outro tipo de criação intelectual, parte sempre de uma *idéia*, de algum fato – concreto ou não – que nos impressiona e que nos leva ao desejo de *criar alguma coisa* sobre ele.

O QUE É IDÉIA

Sob o prisma filosófico, a idéia pode ser classificada e definida de muitas formas. Assim, por exemplo, para Descartes:

- *Idéia adventícia* – É aquela que, por meio dos sentidos, provém de coisa exterior ao espírito.
- *Idéia factícia* – É construída arbitrariamente pelo espírito.
- *Idéia inata* – É concebida em razão da própria natureza do espírito.

Já para Kant:

- *Idéia transcendental* – Não deriva dos sentidos nem do entendimento, mas é necessariamente concebida pela razão. Para os menos materialistas e mais espiritualistas, é a idéia que transcende o conceitual, que extrapola as normas e dogmas considerados racionais.

Para nós – pelo menos para mim, simples mortal – as definições que interessam são as seguintes:

- *Idéia principal* – É o ponto central de um assunto ou a idéia que faz brotar todo o restante do assunto.
- *Idéia complementar* – Complementa diretamente o sentido da idéia principal. Pode ser uma ou várias.
- *Idéia geral* – É aquela resultante de generalização, que mostra ou dá idéia de grande amplidão; é o assunto que está sendo tratado.

Assim, da combinação das três definições acima, podemos inferir *idéia* como sendo a representação mental de algo – seja concreto ou abstrato, seja uma imagem ou uma elaboração intelectual, seja uma concepção, invenção ou criação, seja uma opinião, conceito ou juízo, seja uma visão imaginária, irreal, quimera ou sonho, porém sendo sempre uma maneira particular de ver as coisas.

Sem medo de errar, portanto, podemos dizer que a idéia é o elemento em que aparecem condensados os poderes de reflexão e de auto-reflexão do pensamento, ou seja, o que é apreensível, nas coisas, pelo pensamento (a forma, a espécie, a natureza, a essência).

Para aquele que ousa dizer que possui a capacidade de criar,

IDÉIA É AQUILO QUE SURGE E TOMA FORMA
NA MENTE, POSSIBILITANDO QUE SE INICIE UMA CRIAÇÃO.

Uma vez ao menos ensaiada a definição de *idéia*, e tendo ela em seu bojo a intuição de *criação*, torna-se imprescindível que se fale alguma coisa sobre isto que, para muitos, é algo aterrorizante: a *criatividade*.

Será a criatividade uma prerrogativa de todo ser humano ou será um dom de apenas alguns, mais privilegiados que os outros?

Na realidade, há um sem-número de teorias tentando explicar a criatividade, tentando padronizá-la, *balizá-la* e metodizá-la, sem, contudo, levar a respostas efetivamente convincentes.

Mas, afinal, o que é essa tal de *criatividade*?

Muitos estudiosos provaram que a criatividade tem como base um fator genético, e outros comprovaram que fatores ambientais, educacionais e nutricionais podem influenciar tanto negativamente quanto positivamente no âmbito da criatividade do indivíduo.

Criatividade é o típico conceito que muitos afirmam resistir a definições.

De maneira bastante simplista, podemos dizer que

> CRIATIVIDADE É O RESULTADO DA ESTRUTURAÇÃO DE IDÉIAS E CONCEITOS PREEXISTENTES PARA OBTER UM PRODUTO (CONCRETO OU ABSTRATO) INCOMUM E DE VALOR RELEVANTE PARA UM INDIVÍDUO, UMA COMUNIDADE OU A SOCIEDADE EM ÂMBITO GERAL (HUMANIDADE).

É importante notar que o termo "incomum" aqui utilizado tem também a conotação de "diferente", e que essa diferença refere-se principalmente às "idéias" e "conceitos" convencionais.

De nossa parte, não podemos deixar de enfatizar que a criatividade tem profunda dependência de fatores eminentemente espirituais. Os mais materialistas talvez prefiram dizer que são *fatores psicológicos*... Na verdade, o fundamento é o mesmo, ou seja, a alma do indivíduo.

Há estudos e pesquisas provando que a arte é fruto da angústia. Outros dizem exatamente o contrário: a arte só existe quando o artista encontra o seu verdadeiro ego, ou seja, quando ele está em paz consigo mesmo.

Possivelmente a verdade esteja exatamente nos dois pólos: tanto produz arte aquele artista angustiado quanto aquele que está em perfeito estado de paz espiritual.

O fato é que ambos tiveram um estímulo para a criação artística, não importando se esse estímulo foi doloroso ou prazeroso. Assim, um escritor movido pela dor da perda da mulher amada pode ser capaz de produzir – sob a ação da angústia – uma obra maravilhosa. O mesmo pode se dar com aquele que decide, feliz ao extremo com a materialização de um amor, produzir – sob a ação do prazer – uma autêntica obra-prima.

E o que dizer daquele que, como Rubem Braga, é capaz de escrever crônicas maravilhosas, todas elas – ou, no mínimo, a grande maioria – com uma forte dose de saudosismo? Seria a saudade uma dor? Ou será que a dor da saudade não está sempre mesclada com alguma coisa que se relacione com um prazer, com uma felicidade passada? Não seria a saudade uma dor que se sente com... prazer? Na arte gastronômica, por exemplo, é certo que há sabores que a gente só encontra na saudade...

Não importa. Importa, isso sim, que houve o estímulo espiritual, aconteceu a idéia e deu-se a criação com base em algo muito íntimo, absolutamente interno e abstrato.

É muito importante que se esclareça aqui que a criatividade e a inteligência podem até andar juntas, mas não são interdependentes. Assim, não é obrigatório que um indivíduo seja a reencarnação de Einstein para ser criativo.

No entanto, é mais ou menos óbvio que uma pessoa inteligente *terá muito mais possibilidade de criar* do que uma outra menos dotada intelectualmente.

O que é muito fácil de explicar: a velocidade de raciocínio de alguém com nível intelectual mais elevado é maior, a capacidade de memorização também é mais desenvolvida e, principalmente, é maior e melhor a capacidade de síntese, ou seja, a facilidade de coletar uma porção de informações e selecioná-las, excluindo as que não servem a um determinado objetivo sem, contudo, *jogá-las fora*, mas sim arquivando-as em algum lugar do cérebro de onde serão *chamadas* quando isso se tornar necessário, não importa quando isso vier a acontecer.

Falemos agora um pouco sobre *inteligência*.

Inteligência é a faculdade de perceber, aprender, apreender ou compreender diferentes informações, associada à capacidade de adaptação e uso dessas informações.

Num conceito mais prático, a inteligência pode ser definida como sendo a capacidade de resolver situações problemáticas novas mediante a reestruturação dos dados perceptivos. Assim, podemos dizer que

> INTELIGÊNCIA É A DESTREZA E A HABILIDADE MENTAL ASSOCIADAS À CAPACIDADE DE ASSIMILAR, SELECIONAR E USAR INFORMAÇÕES E EXPERIÊNCIAS, CRIANDO SOLUÇÕES PARA SITUAÇÕES PROBLEMÁTICAS OU NÃO.

Com base nesses conceitos, facilmente podemos perceber que, para um indivíduo que possa ser classificado de *inteligente*, a tarefa de criar é bem mais fácil. Porém, repetimos, a criatividade – especialmente a artística e/ou a artesanal – não deve ser intimamente relacionada com a inteligência.

Do mesmo modo, tenhamos em mente que uma pessoa dita *ignorante* não será obrigatoriamente pouco inteligente – ou *burra*, como se diz de forma mais vulgar –, já que o conhecimento é uma qualidade que se adquire e a falta de conhecimento é que determina a ignorância.

O *conhecimento*, num sentido mais amplo, é o atributo geral que têm os seres vivos de reagir ativamente ao mundo circundante em decorrência de informações adquiridas e de experiências vividas, na medida de sua organização biológica e em busca de sua sobrevivência.

Segundo Kant, o conhecimento só pode ser adquirido por meio da experiência.

Transportando para o nosso caso,

> CONHECIMENTO É O ARMAZENAMENTO MENTAL DO SOMATÓRIO DE INFORMAÇÕES ADQUIRIDAS E EXPERIÊNCIAS VIVIDAS QUE SERÃO SELECIONADAS E UTILIZADAS DE ACORDO COM O GRAU DE INTELIGÊNCIA E/OU A NECESSIDADE DE SOBREVIVÊNCIA.

Quando se fala de conhecimento, há sempre uma tendência de fazer confusão com *cultura*.

Cultura é o complexo dos padrões de comportamento, das crenças, das instituições e de outros valores, mais espirituais do que materiais, transmitidos coletivamente e característicos de uma sociedade ou de um povo – considerando-se seu desenvolvimento como sendo fruto do esforço coletivo pelo aprimoramento desses valores como um todo.

Ou seja, a cultura nada mais é do que o grau de civilização de uma etnia, de um povo, de uma sociedade ou de uma comunidade.

Considerando-se o indivíduo,

> Cultura é o somatório dos conhecimentos adquiridos e da herança espiritual de um indivíduo.

O grau de cultura também pode e deve andar de mãos dadas com a criatividade, sem obrigatoriamente *escravizá-la* ou – que seja – *guiá-la* como se fosse um cachorrinho na coleira.

Criatividade é criatividade, é capacidade inventiva, é capacidade e condição imaginativa.

Cultura, conhecimento, raciocínio e inteligência são outras coisas, completamente diferentes e razoavelmente independentes entre si.

Dessa maneira, é perfeitamente possível que uma pessoa que não saiba ler, que não tenha a menor idéia nem mesmo de quem tenha sido o ilustre e temerário descobridor do Brasil, consiga inventar uma história simplesmente fabulosa.

Mas, daí a escrevê-la, o passo é longo...

Em contrapartida, um aspirante a Einstein – apenas para citar um homem universalmente reconhecido como *inteligente* – pode não ser capaz de, *intuitivamente*, criar um romance ou novela.

Contudo, é muito possível que ele, valendo-se de sua capacidade intelectual, seu conhecimento e sua cultura, acabe por conseguir *construir* um livro, tijolo por tijolo, andar por andar; livro este que até pode chegar a ser bastante bom.

Em resumo, no *processo criativo*, o ideal é poder associar – sem forçar qualquer interdependência – a *idéia* com a *inteligência* e a *cultura*.

Por que a cultura? Simplesmente porque é por meio do *conhecimento* de fatos e de coisas, de experiências e de teorias, já devidamente vivenciadas por nós mesmos ou por outros, que podemos *montar* um arquivo de dados suficientemente rico para nos permitir a ousadia de escrever um livro.

Colocar no papel frases soltas e palavras que não se encadeiam em idéias fundamentadas não é escrever livro algum, mas sim fazer o leitor perder tempo caminhando por páginas e páginas que saem do nada e chegam a lugar nenhum.

A obrigação primordial de um bom escritor, e em especial de alguém que pretende produzir um *best-seller*, é escrever e expor suas idéias de uma forma que qualquer um entenda o que se quis dizer, sem esforços maiores, sem a necessidade de recorrer a tratados de psicologia, de filologia ou do que quer que seja para poder passar, sem remorsos, de um capítulo para o outro.

Ouso afirmar que escrever não é simplesmente *pôr para fora* os sentimentos que vão pela alma do escritor.

Escrever é conseguir mostrar para os mortais comuns o que está atormentando ou alegrando o escritor. E de um modo concatenado, coerente e claro.

Parir uma obra é fazer nascer algo com forma, com vida e com características próprias. Não é dar à luz um ser amorfo ou disforme, somente compreensível para quem o criou.

O feto é a idéia. O escritor gesta essa idéia e a faz nascer. É durante esse processo de gestação que ele dá a forma que poderá transformar um simples pensamento numa obra literária no verdadeiro sentido da palavra – ou seja, algo que tenha *criatividade*, *qualidade* e *originalidade*.

UMA BOA OBRA LITERÁRIA PRECISA OBRIGATORIAMENTE TER: CRIATIVIDADE, QUALIDADE E ORIGINALIDADE

Neste ponto de nossa exposição, alguns hão de perguntar como e de que maneira existem tantas obras que são vendidas (e bem) e que não correspondem a essas exigências. A resposta é dolorosamente simples: acontece que muitas e muitas vezes, há fatores outros – Jânio Quadros diria que se trata das famosas *forças ocultas* – que falam mais alto; a mídia exalta um *lixo* e condena uma obra-prima. E isso, simplesmente porque, por trás de tudo, existe o dinheiro, o vil metal, o verdadeiro embaixador dessas tais *forças ocultas*... E, claro, há também a influência da política, influência esta que não obrigatoriamente fica na dependência de favores materialmente tangíveis, mas apenas pela simpatia ou antipatia despertadas por um autor nos críticos – que, com certeza, não mereceriam esse título.

De acordo com alguns pesquisadores, podemos definir *idéia* como sendo o resultado direto da capacidade imaginativa, o reflexo de qualquer *conflito* consciente ou subconsciente.

Entenda-se que o termo *conflito*, aqui, não deve ser entendido com a conotação de *disputa*, de *discordância*. Conflito, para nós, deverá significar o *conflito dramático*, que é o foco principal da ação dramática, o elemento que a determina e que gera toda a função, dando razão de ser à complexa *interação de informações* que tanto podem estar no nível consciente quanto no inconsciente. Ou mesmo nos dois.

> CONFLITO DRAMÁTICO É O FOCO PRINCIPAL DA AÇÃO DRAMÁTICA E O ELEMENTO QUE GERA A HISTÓRIA E LHE DÁ RAZÃO PARA EXISTIR.

A idéia jamais surge sozinha, isolada e soberana; ela sempre aparece no meio de muitas outras que, de certa forma, fazem parte de um todo que constitui o *corpo da idéia propriamente dita*. Portanto, a idéia necessita de elaboração, montagem, coordenação e concatenação.

A isso, a esse *trabalho sobre a idéia*, podemos chamar de *criatividade*.

> CRIATIVIDADE É A LAPIDAÇÃO DA IDÉIA.

Certa vez, um psicólogo meu amigo disse que o homem tem, fundamentalmente, apenas um objetivo: o da sobrevivência.

O que diferencia um homem do outro é a forma como ele utiliza as armas de que dispõe para continuar vivo.

Ora, a diferença, portanto, está em *como* cada um faz para sobreviver.

Isso é a *originalidade*.

No campo literário, a imensa maioria dos romances trata sempre do mesmo tema shakespeariano do amor entre duas pessoas, amor irrealizável, dramático e triste que, por condescendência e capricho do destino, pode ter alguns momentos de maior ou menor felicidade.

Assim, podemos citar *Romeu e Julieta*, *Tristão e Isolda*, *Robin Hood*, *Gabriela, cravo e canela*, *Ainda estamos vivos*, *O outro lado da meia-noite* e mais todos os outros que pudermos lembrar.

E, engraçado...! Sem o menor receio de errar; ao contrário, sempre com a certeza de estarmos corretos, dizemos que todos esses romances *são muito originais*.

ORIGINALIDADE É A MANEIRA DIFERENTE COMO CADA AUTOR ENFOCA E CONTA A MESMA HISTÓRIA, USANDO DIFERENTES INGREDIENTES COMO TEMPERO.

E quanto à *qualidade*, é o que de mais óbvio existe...

Uma obra só poderá ser um sucesso e se transformar num *best-seller* se tiver *qualidade suficiente para isso*.

O que quer dizer que ela terá de estar bem escrita, bem montada, sem erros gramaticais ou ortográficos e, acima de tudo, muito bem redigida.

Portanto, de nada adianta uma excelente idéia e uma boa montagem se o autor não sabe o que *é sujeito* ou *predicado*, ou se sabe utilizar os pronomes e não conhece nada de concordância verbal.

QUALIDADE É A BOA ESTRUTURAÇÃO DA OBRA, APROVEITANDO-SE UMA BOA IDÉIA COM CRIATIVIDADE E ORIGINALIDADE.

É fundamental lembrar que a gramática e a ortografia são o *acabamento* da obra, e quanto melhor este for, melhor será o livro, melhor ele será aceito pelo público e pela crítica.

Não cuidaremos dessa parte, nesta nossa obra. Deixaremos a gramática e a ortografia para quem de direito, ou seja, para os professores de português.

Nós somos muito mais humildes... Nosso objetivo é outro: apenas tentar metodizar a forma de escrever um livro de ficção. Logicamente, um *bom* livro de ficção, uma obra que se imponha por si mesma, que agrade ao público leitor e traga, para o autor, a satisfação de vê-la comprada, procurada, criticada e elogiada.

Falamos, novamente, em *crítica*... Chega a ser inimaginável a importância da crítica! É por meio da opinião das outras pessoas que podemos saber se o romance ficou ou não ficou bom, se houve *furos* técnicos significativos ou ainda se o caminho que escolhemos para trilhar é o mais correto.

Está redondamente errado o autor que fala, orgulhoso: *vivo bem sem a crítica e a crítica vive bem sem mim... Deixemos as coisas da maneira que estão.*

Quero lembrar que a crítica, de fato, vive muito bem sem esse tipo de autor, mas ele, pobre diabo, jamais conseguirá sobreviver sem a crítica.

É bem verdade que há críticos e críticos... Há aqueles que parecem ter como objetivo destruir qualquer trabalho – especialmente de autores neófitos – e há os que julgam honestamente, atribuindo valor àquilo que de fato tem valor e criticando – excluindo – o que não representa nada.

De mais a mais, os críticos são seres humanos. Portanto, suas opiniões sobre um mesmo livro podem divergir diametralmente. Uma obra pode ser considerada excelente por um crítico e *malhada* por um outro. Um exemplo disso é o romance *Hilda furacão*, de Roberto Drummond, que foi *desancado* pela crítica de uma revista semanal – a ponto de se imaginar que toda a edição não teria outro destino senão o encalhe – e na semana seguinte foi comprado por uma emissora de TV para servir de base a uma minissérie (de sucesso absoluto, diga-se de passagem).

Assim, já conseguimos entender que, para a realização do sonho maluco de escrever um livro, é preciso ter, inicialmente, a *idéia* em si, a *criatividade*, a *originalidade* e a *qualidade*, fatores absolutamente fundamentais para que não sejamos acusados de plagiadores baratos e de maus escritores.

EM BUSCA DA IDÉIA

Muitas e muitas vezes perguntaram-me como eu conseguia encontrar tanta *inspiração* para escrever meus livros.

Devo dizer, no que pese alguns acharem presunção de minha parte, que jamais me preocupei com isso. Na realidade, nunca procurei saber se estava inspirado ou não, no momento em que me dispunha a escrever um romance ou uma novela. Havia, isso sim, a *necessidade* de escrever, fosse essa necessidade de ordem material ou de ordem espiritual.

Explico: de *ordem material*, quando a necessidade dizia respeito à sobrevivência – comprar comida, pagar contas etc. –, e de *ordem espiritual*, quando sentia que um determinado tema *precisava ser escrito*, ainda que os editores não estivessem de acordo com ele do ponto de vista comercial.

Inspiração?

Não acho que seja correto utilizar *inspiração* como sinônimo de *necessidade*.

De qualquer modo, para se escrever um livro, é preciso partir de uma idéia, e a caça às idéias é, sem a menor sombra de dúvida, uma das preocupações mais importantes, mais angustiantes e mais insistentes de qualquer escritor.

Onde buscar as idéias?

Como saber quais são as aproveitáveis?

Como fazer para realmente aproveitá-las?

Contudo, temos de escrever um livro e, de repente, há um vazio na mente. Parece que a cabeça está oca, que não há nada dentro. E, no entanto, precisamos encontrar uma idéia qualquer, é necessário, é vital, é absolutamente fundamental achar algum assunto sobre o qual possamos escrever e desenvolver uma história.

Para sair desse terrível e angustiante impasse, em primeiro lugar, vamos pacientemente começar a analisar os *focos de idéias prováveis e possíveis*. Focos estes que normalmente estão dentro de nós e à nossa volta, miraculosa ou diabolicamente escondidos, como se por obra do próprio Satanás.

> OS PRINCIPAIS FOCOS DE IDÉIAS SÃO OS NOTICIÁRIOS ESCRITOS, RADIOFÔNICOS E TELEVISIVOS, OS ACONTECIMENTOS BANAIS DO DIA-A-DIA, OS CONHECIMENTOS PRÓPRIOS DE QUEM TEM AS IDÉIAS, A VIVÊNCIA E O PRÓPRIO MUNDO INTERIOR DO ESCRITOR.

Em primeiro lugar, a melhor e mais fecunda fonte de idéias é a própria vida.

É bom lembrar que o nosso rotineiro e freqüentemente modorrento dia-a-dia é formado por uma sucessão infindável de acontecimentos. Esses acontecimentos – na realidade, fatos geradores de idéias –, em sua grande maioria, estão ao alcance do conhecimento público, especialmente nos dias de hoje, com a formidável expansão dos meios de comunicação.

Basta saber vê-los.

Porém, para tê-los ao alcance, não adianta ficar sentado numa confortável poltrona, diante de uma lareira, esperando que a informação lhe caia diante dos olhos. É preciso procurá-la, buscá-la nos noticiários, nos jornais...

Ou na rua, em conversas com amigos ou conhecidos – às vezes nem tão amigos ou conhecidos assim.

Não deu para entender? Não se preocupe. Trataremos disso quando chegarmos ao que diz respeito à *pesquisa*.

Estávamos falando sobre *saber ver* ou *enxergar* acontecimentos.

Aliás, *saber ver* ou *enxergar* é muitíssimo importante para quem deseja se aventurar na literatura.

Quantas vezes um fato que não nos impressiona de maneira nenhuma é a base para um romance de sucesso escrito por um outro autor?

Isso já ocorreu com todos os escritores, sem nenhuma exceção, e não pode ser considerado motivo de vergonha ou de constrangimento para ninguém.

Afinal de contas, não somos obrigados a pensar exatamente da mesma forma que um vizinho...

É preciso entender que os homens são realmente diferentes entre si – ou seja, os pontos de vista, bem como os enfoques de cada um dos fatos que constituem o cotidiano, diferem de pessoa para pessoa.

Em assim sendo, algo que não se reveste de nenhuma importância para uns pode ser simplesmente vital para outros.

E é justamente daí que alguns extraem idéias geniais, enquanto outros *ficam boiando*.

Por isso mesmo, é fundamental para o escritor a troca de idéias com amigos, parentes, colegas e quem mais puder opinar sobre o seu projeto. É muito freqüente o surgimento de uma idéia genial decorrente de um *brainstorming* – técnica que utiliza o *despejar* de diversas idéias de uma ou mais pessoas sobre um mesmo assunto, praticamente sem pensar.

> BRAINSTORMING É O SOMATÓRIO DE DIVERSAS IDÉIAS DE UMA OU DE DIFERENTES PESSOAS SOBRE O MESMO ASSUNTO OU SOBRE ASSUNTOS DIFERENTES, SEM A PREOCUPAÇÃO DE LÓGICA, ORDENAMENTO OU CONCATENAÇÃO, PARA RESULTAR EM ALGUMA COISA QUE POSSA SER APROVEITADA.

Primeiramente, devemos lembrar que temos nosso arquivo, a *memória*. Que será, evidentemente, tanto mais rica quanto maior for nosso *mundo interior*.

Sim, pois é justamente esse mundo interior o maior responsável pela *capacidade de síntese* de que há pouco falamos, e que tem por função *captar*, *classificar*, *escolher* e *utilizar* as informações que vamos adquirindo à medida que caminhamos pela vida.

A síntese é uma operação mental que procede do simples para o complexo, reunindo elementos concretos ou abstratos num todo e determinando automaticamente proposições compostas com base em proposições mais simples.

> SÍNTESE É A REUNIÃO DAS ETAPAS DE UM OU DE VÁRIOS ASSUNTOS VISTOS OU ANALISADOS, DE MODO HIERÁRQUICO E CONCATENADO, FORMANDO UM TODO APROVEITÁVEL.

Já a capacidade de síntese pode ser definida da seguinte forma:

> CAPACIDADE DE SÍNTESE É A HABILIDADE DE ESCOLHER, AUTOMÁTICA E QUASE SUBCONSCIENTEMENTE, DE UM CONJUNTO DE FATOS, COISAS E MESMO ETAPAS VISTAS, VIVENCIADAS OU ANALISADAS, AQUILO QUE POSSA POSSIBILITAR UMA IDÉIA APROVEITÁVEL E BEM DIRECIONADA.

A capacidade de síntese, para ser de fato eficiente, tem de estar intimamente relacionada com uma boa memória. Daí a necessidade de um escritor estar sempre treinando sua capacidade de memorização.

Sim, a memória é fruto de treinamento e de capacidade de concentração – que por sua vez também é fruto de treinamento –, e não algo absolutamente congênito ou hereditário.

Assim, o treino de memória, que é muitíssimo importante, pode ser feito até mesmo por meio de cursos especializados ou de simples esforço próprio. Pode-se dedicar alguns momentos do dia para a memorização de informações, desde números de telefones até poesias e trechos literários.

Na memória, há acontecimentos que ficaram marcados e que podem *precisar* ser postos para fora e mostrados ao mundo. Às vezes, um trecho da infância, uma passagem da adolescência, uma paixão da juventude, uma decepção já na idade madura...

Sempre há o que recordar.

E, se *recordar é viver novamente*, podemos dizer que *escrever sobre uma recordação é perpetuar o passado*.

Ou, se vocês quiserem ser um pouco mais *elevados*, digamos que *escrever é materializar o mundo interior*.

Será mais adequado?

Pode ser, uma vez que uma das características mais sérias de um escritor é justamente possuir um mundo interior bem rico e, portanto, digno de ser – apenas em parte, vejam bem! – exteriorizado.

Por que *apenas em parte*?

Simplesmente porque a abertura total da alma, além de ser um procedimento metafisicamente errado, acaba por tirar completamente o suspense e a aura de mistério que deve envolver todo e qualquer escritor que pretenda se tornar um verdadeiro *best-seller*.

Por exemplo, Rubem Fonseca esteve, durante muitos anos, absolutamente inacessível à imprensa; essa atitude acabou gerando um tal mistério ao seu redor que, quando o jornalista Eduardo Bueno, o *Peninha*, finalmente conseguiu entrevistá-lo, foi considerado um verdadeiro herói. A entrevista – que na verdade trazia pouca coisa excepcional ao conhecimento do público – *alavancou* de maneira fenomenal as vendas dos romances do autor. Praticamente a mesma coisa aconteceu com Castañeda, autor de *Erva do diabo*, nos anos 1960, que ninguém via ou conhecia a sua fisionomia... E não esqueçamos de Shakespeare, de cuja existência há até quem duvide.

Todos nós vivenciamos, de uma forma ou de outra, situações que podem merecer uma transcrição na forma de um romance. No mínimo, são situações que *aparentemente* merecem ser levadas ao conhecimento do grande público, nas páginas de um livro.

Quantas vezes escutamos pessoas dizerem *"minha vida é uma verdadeira novela"*?

Quase todos os seres humanos um pouco mais esclarecidos *enxergam* seu mundo interior desse modo.

Sempre, com qualquer um, na vida que aparentemente possa ser a mais banal de todas, encontraremos argumentos e temas para vários livros...

O problema está em saber se esse *livro* será apreciado pelos leitores comuns, aqueles que compram as obras – seja em livrarias, em bancas ou supermercados – e que acabam por transformar este ou aquele escritor num *best-seller*.

Infelizmente, na maior parte das vezes, o que parece a alguém ser espetacular e, portanto, digno de ser romanceado – principalmente ao protagonista na vida real –, é terrivelmente subjetivo e não interessa a mais ninguém.

Não serve, portanto, de idéia para um livro.

Outras vezes, até que a idéia serviria, mas...

É tudo tão corriqueiro, tão simplório...

Pois é justamente aí que se pode enxergar o talento do escritor: a capacidade de transformar a banalidade numa leitura interessante e apaixonante.

Fernando Sabino era mestre nessa arte; suas crônicas mostram o cotidiano de forma tão artística e tão bem estruturada que a banalidade desaparece, dando lugar a obras impecáveis – por isso é muito difícil dizer qual de suas crônicas é a melhor. O mesmo se diga de Rubem Braga e, deixando de lado os grandes cronistas, podemos incluir na *classe dos supergênios* o americano Harold Robbins que, de uma simples intriga, de um acontecimento aparentemente sem nenhuma importância, é capaz de *montar* um romance como *O garanhão*. Ou Sidney Sheldon, capaz de transformar uma aventura amorosa num enredo espetacular, como é o caso de *O outro lado da meia-noite*.

Voltando a falar das idéias que surgem de informações de terceiros, devo lembrar que é preciso ter cuidado...

Freqüentemente, as mesmas pessoas que nos dizem que gostariam de ver suas vidas transcritas em romances são as primeiras a nos condenar, dizendo que fomos indiscretos, inverídicos, exagerados, maledicentes e outros tantos adjetivos ainda menos agradáveis de ouvir.

Isso é mais comum ainda quando se trata de escrever uma biografia autorizada. O bom escritor é capaz de captar – e valorizar – as entrelinhas de uma entrevista. Aliás, normalmente estão nessas entrelinhas as verdades, as informações mais válidas – em resumo, a *alma* do biografado. Ora, o escritor põe no papel, e de forma acessível ao leitor, essa percepção. Isso nem sempre agrada o biografado, uma vez que ele gostaria de não ter aberto *tanto* assim a alma.

Ainda falando de informações obtidas do mundo exterior, temos de mencionar os noticiários.

Os jornais e telejornais estão repletos de idéias excelentes e temas variados que, pelo simples fato de já terem merecido espaço na mídia, são assuntos que interessam ao grande público – e que, portanto, merecem ir para as páginas de um romance ou novela.

Assim, por exemplo, nada melhor do que a notícia de um seqüestro espetacular para gerar um *thriller* fabuloso e que provavelmente terá uma excelente aceitação por parte dos leitores. Um bom exemplo do que acabei de afirmar foi citado por mim na introdução deste livro, quando menciono o desafio que me foi feito pelo editor do *The Wall Street Journal*, de Nova York. Com base numa notícia do telejornal das 20h, montei toda a trama de *O seqüestro fast-food*.

Outra maneira de ter idéias é pesquisando.

A pesquisa tem de ser dividida pelo menos em duas fases: a pesquisa sobre o tema em si, para não se falar bobagem, e a pesquisa de opinião, para saber qual tipo de leitura o público deseja.

A primeira fase merece um capítulo à parte – aliás, coisa que já prometi antes e que estou *fazendo render* também para aumentar um pouco o suspense... Assim, nesta altura dos acontecimentos, a pesquisa sobre o tema não será aprofundada, visando apenas ao autor tomar conhecimento do assunto sobre o qual pretende escrever e *sentir* se possui ou não capacidade para assumir tal empreitada. Ou – também e muito importante – ver se poderá contar com as fontes de informação de que vai precisar para bem desenvolver o seu projeto.

A segunda fase, a pesquisa de opinião, tem por objetivo descobrir o que o público tem como leitura, o que está sendo mais vendido e o que está ausente no mercado.

Principalmente isso: o que está faltando escrever para agradar ao público consumidor de livros. Por meio desse tipo de pesquisa, podemos ficar sabendo que o *mercado* está sentindo falta, por exemplo, de livros que falem sobre um novo tipo de super-herói ou, quem sabe, de um anti-herói. Escrevendo criteriosamente sobre esse tema e procurando preencher corretamente essa *lacuna* na oferta literária, o sucesso é bem provável.

A pesquisa de opinião – ou *pesquisa de mercado* – é aquela feita assim que se tem a idéia.

Devemos nos fazer as seguintes perguntas:

- Será que a idéia é boa?
- Será que o tema tem interesse para o público?
- Será que é algo vendável?
- Será que o público vai comprar o livro?
- Que tipo de público tentarei alcançar?

Essas respostas só poderão ser obtidas se perguntarmos diretamente às pessoas que constituem pelo menos uma amostra do universo do público leitor.

Acredito que uma população de trinta pessoas – os chamados *leitores-padrão* – seja suficiente para se ter no mínimo uma avaliação grosseira da *qualidade* da idéia, especialmente se essas trinta pessoas forem bem diferentes entre si, pertencendo a grupos socioculturais diferentes e com distintos níveis de poder aquisitivo. Se mais da metade delas achar que a idéia é boa, muito provavelmente ela é boa mesmo e merece ser desenvolvida na forma de livro.

É nessa fase que procuramos os amigos, parentes, vizinhos, conhecidos e indagamos: *Estou pensando em escrever um livro sobre... O que você acha da idéia?*

Na imensa maioria das vezes, a resposta será um entusiástico: *Boa! Esse assunto vai "pegar"! Seu livro vai vender como pão quente!* Principalmente se aqueles que emitirem essa opinião forem seus parentes, amigos, vizinhos, conhecidos. Se, dentre dez interrogados, surgir ainda que apenas uma resposta negativa, você pode pensar seriamente em esquecer a idéia – pois a possibilidade de se tratar da única opinião sincera é grande. Todos aqueles que fazem parte da nossa *entourage* tendem a ser benevolentes, a dizer que tudo que fazemos é uma maravilha. Até mesmo por se sentirem constrangidos para falar a verdade, de dizer que a idéia é péssima e que não levará a lugar nenhum.

É justamente por isso que a opinião profissional de leitores críticos é tão importante.

Temos de submeter nossa idéia à apreciação dos editores e da mídia, lembrando sempre que o *feeling* desses dois grupos é bem diferente daquele dos leitores comuns. Dessa forma, um julgamento negativo deles pode e deve invalidar uma média de opinião positiva dos leitores-padrão. Afinal de contas, quem publica – ou seja, quem faz que o livro saia do sonho e chegue à realidade – é o editor e quem o divulga é a mídia.

É bem verdade que é muito complicado pedir a essas pessoas um parecer sobre uma simples idéia. Afinal, elas estão aí para fazer leitura crítica de uma obra já pronta – ou semipronta. Mas há a possibilidade de uma conversa franca com um ou mais editores, gerentes editoriais, agentes literários e jornalistas, por exemplo, e isso pode acabar por fornecer uma opinião crítica de peso e que pode, no mínimo, orientar o autor quanto à validade e qualidade de sua idéia.

Pode ocorrer – principalmente para aqueles autores já com nome no mercado editorial – uma *encomenda*: um editor lhe pede para desenvolver um livro sobre tal ou qual assunto.

No ano de 1992, vivi essa experiência – muito agradavelmente, diga-se de passagem – quando um grupo editorial nipo-brasileiro encomendou-me a criação de um personagem que tivesse as características de um *samurai* moderno com alguma coisa da mentalidade de James Bond, criação imortal de Ian Fleming. Assim nasceu Mário Nogaki, *scoutman** nipo-brasileiro, cuja principal missão – na vida real do livro – era elevar um pouco o moral dos *dekasseguis* brasileiros que estavam se matando de trabalhar no Japão. Era uma necessidade de um público leitor muito especial, que sabia e gostava de ler, mas que lá no outro lado do mundo era considerado analfabeto porque não sabia ler em japonês. O referido grupo editorial nipo-brasileiro *sentiu* a existência dessa necessidade e *encomendou* o herói. Com isso, além de preencher uma lacuna de demanda, cumpriu uma importante meta social e humana, fazendo que cerca de 100 mil *de-*

---

* *Scoutman*: olheiro ou descobridor de talentos. O termo, aqui, é usado por extensão e pretende significar *descobridor de oportunidades de negócios*.

kasseguis desfrutassem de uma leitura de lazer e tivessem seu moral um pouco mais elevado.

Com tudo isso, pode-se ver que as idéias estão por aí. Basta saber colhê-las.

E, é claro, fazer bom uso delas.

O escritor de ficção transcreve para a fantasia informações que foram captadas e capturadas da realidade cotidiana. Por mais que seja fantástica a história, ela sempre encerrará um fundamento na vida real; por isso mesmo, é importante que o escritor tenha uma base sólida da realidade para, sobre esses alicerces, poder construir a sua fantasia.

Daí a necessidade de vivência.

Como pode escrever com verossimilhança sobre a vida boêmia de São Paulo um autor que jamais esteve numa boate ou que não tenha vivenciado a noite paulistana? Como pode um autor montar uma trama sobre as fraudes do INSS se ele jamais leu uma notícia sobre o assunto? Como pode falar de amor alguém que jamais amou?

O ficcionista, especialmente aquele que está começando a se arriscar nessa carreira, deve ter sempre em mente que

> JAMAIS SE DEVE SUBESTIMAR A REALIDADE,
> POIS ESTA SEMPRE SUPERA — E DE LONGE — A FICÇÃO.

Uma outra forma de procurar idéias é ler outros autores.

Não se trata de plagiar, mas sim de *estudar caminhos já trilhados por outras pessoas*. Também podemos dizer que essa maneira nada mais é do que *deixar as influências atuarem*. Ou, simplesmente, *encontrar uma forma diferente de contar a mesma história*.

Assim, por exemplo, são muitos os autores que se inspiraram no fatídico 11 de setembro – dia dos atentados terroristas às torres do World Trade Center e ao Pentágono – e produziram romances baseados nesse tema. Nada nos impede de, depois de uma leitura aprofundada de um ou mais desses romances, produzir nossa própria história sobre o mesmo tema, mas usando um conflito diferente. A idéia nos foi dada por um ou mais desses autores; contudo, a criatividade e a originalidade são nossas – o que leva à produção de um outro romance, na realidade completamente diferente daquele(s) que lemos.

A leitura de outros autores também pode – e deve – ser vista sob um outro prisma: evitar escrever alguma coisa que já foi explorada, talvez até mesmo à exaustão, por outras pessoas. Por mais original que seja o produto, jamais deixará de ser *pão de ontem*, algo já *batido*, de que o público pode estar farto.

Aqui, entre muitas outras coisas, cumpre dizer que a idéia é um patrimônio. E dos mais valiosos.

Uma boa idéia vale muito dinheiro, e eu sempre dou como exemplo a história de um empresário brasileiro que foi visitar uma indústria química nos Estados Unidos. Depois de passear por toda a organização e ver todos os funcionários trabalhando loucamente, como se fossem formigas, foi levado ao último andar do edifício principal da empresa, onde um homem jovem, usando roupas esportivas, estava deitado num sofá, a cabeça repousando no colo de uma belíssima mulher, ouvindo música e tomando uísque.

– Ele é o dono da empresa? – perguntou o brasileiro.

– Não – respondeu o cicerone.

– Então ele é um funcionário importante e está em hora de descanso – concluiu nosso patrício.

– Ele é de fato um funcionário importante – concordou o guia americano. – Mas não está em horário de repouso. Ele está trabalhando.

– Trabalhando?! – assustou-se o brasileiro. – Mas o que ele faz???

O americano sorriu e respondeu:

– Ele pensa... De vez em quando, tem uma idéia. E a última idéia que ele teve foi o isopor...

Pois é... Se a história é verdadeira ou não, não nos interessa. O fato é que serve para mostrar quanto pode valer uma boa idéia, não é verdade?

Por isso mesmo, não devemos, em nenhuma hipótese, menosprezar uma idéia, ainda que ela, a princípio, pareça ser inútil ou mesmo ruim.

Trabalhada, modificada, pensada e repensada, ela pode se transformar em algo genial, que significará sua fortuna – ou, no mínimo, seu sustento por algum tempo.

Partamos do princípio de que os intelectuais vivem de suas idéias e, portanto, elas são nada mais e nada menos que a matéria-prima de tudo que podem produzir. Ou seja, seu ganha-pão.

Logo, não divulgar levianamente suas idéias já é um bom começo. Registrá-las em cartório – no mínimo – é uma precaução adequada. Desenvolvê-las até o final, essa é a atitude mais certa. O livro, depois de publicado, é o patrimônio do autor.

Patrimônio material e intelectual.

De ambas as formas, absolutamente indiscutível, desde que a idéia geradora tenha sido devidamente cuidada, guardada, protegida e registrada.

5. O tema

Quando falamos de livros de ficção, temos uma primeira impressão de existir uma infinidade de *tipos* e de *classes* de trabalhos que redundariam todos no que se costuma chamar de *romances* ou *novelas*.

A realidade, no entanto, é um pouco diferente.

O romance *Gabriela, cravo e canela*, de Jorge Amado, é da mesma *classe* de *A moreninha*, de Joaquim Manoel de Macedo, que é da mesma classe de *Quem ganha perde*, de Graham Greene, ou de *79, Park Avenue*, de Harold Robbins, ou ainda *Do outro lado da meia-noite*, de Sidney Sheldon.

Deu para perceber o arrepio dos professores de literatura?

Acontece que não estamos classificando os romances por suas *escolas literárias*. Estamos apenas levando em consideração *a classe de tema* utilizada, *a espécie de conflito* que gerou a história.

E, para acabar de eriçar os pêlos dos mestres – meu pobre professor de português, o saudoso Paschoal Zampini, a esta altura deve ter dado uma volta completa no túmulo –, vou dizer que a edição popular da *Bíblia Sagrada* é do mesmo *tipo* que *Os colts de McLee*, meu primeiro bangue-bangue...

Vamos tentar explicar.

Baseado em minha experiência pessoal, tipifico os livros de ficção em dois tipos: os *pocket books*, com 10,5 cm x 15 cm ou 12 cm x

18 cm e miolo em papel jornal – hoje também chamados de *pulp fiction books* –, e os *livros normais* – em formato 14 cm x 21 cm ou 16 cm x 23 cm, com miolo em papel off-set 75 ou 90 ou em papel pólen, este bem mais sofisticado e caro. Claro que há outros formatos, mas já são elucubrações editoriais. Hoje em dia há uma certa tendência a produzir livros de ficção, assim como os de não-ficção, em formato 16 cm x 23 cm.

Os *pocket books*, *livros de bolso* ou ainda *bolsilivros*, mais populares e de preço mais baixo, nem por causa disso merecem menos consideração. A meu ver, dizer que todos eles são *subliteratura* é uma injustiça, que mostra uma total ignorância literária de quem o diz – mesmo porque conhecer literatura não é apenas saber os clássicos, seus títulos, seus autores, seus estilos e muito menos ter na ponta da língua os últimos lançamentos em edições de luxo...

Luxo que muitas vezes não passa de lixo.

Conhecer literatura não significa dar-se o direito de qualificar esta ou aquela obra como *subliteratura*. É, isto sim, saber de fato o que representa um livro – qualquer que seja – para a história e evolução intelectual de um povo.

Saber literatura é saber separar o joio do trigo, grão por grão e não aleatoriamente.

Por que esse preconceito? Será que aqui no Brasil ainda achamos que a literatura, obrigatoriamente, é um lazer exclusivo das *elites intelectuais*?

Um *pocket book* pode conter material literário tão bom e muitas vezes até bem melhor do que muitos livros de luxo. Basta para isso que o autor tenha, em sua execução, o mesmo cuidado e carinho que teria para escrever um livro de encadernação e acabamento gráfico luxuosos.

Além disso, é necessário que os editores brasileiros de *pocket books* se disponham a publicar *apenas os bons* livros – e não todo e qualquer material que lhes seja enviado, sem ao menos verificar se o que está escrito tem nexo ou porque existe um contrato com o estrangeiro e tudo quanto é lixo lá de fora é mandado para cá para ser traduzido e publicado. Como se fôssemos a mais desprezível subclasse intelectual do mundo. E, para aqueles que por acaso pensem que esta minha afirmação é uma desprezível manifestação de rancor, peço que procurem – principalmente em bancas de jornais e revistas – aqueles *pocket books* escritos visando um público feminino menos *aculturado*, fruto de contratos estrangeiros com editoras brasileiras que sequer têm a preocupação de revisar corretamente a tradução. E que sistematicamente recusam originais tupiniquins...

Quantas vezes li *pockets* em que um malfeitor morria no começo do livro e *ressuscitava* misteriosamente dois ou três capítulos depois! E quantas vezes não vi absurdos incríveis nesses livrinhos que deveriam ser extremamente bem-feitos, principalmente porque o público que os lê tem mais necessidade do que qualquer outro de receber informações corretas...!

Vi absurdos tais como um cavaleiro sair de Denver e *galopar ininterruptamente* até São Francisco... Passando por Amarillo e depois por Saint Louis! Ou então, um espião russo que vai para os Estados Unidos e desembarca no Aeroporto Charles de Gaulle...!

Um livro publicado com esse tipo de erro depõe contra o autor, contra o editor e prejudica o leitor, pois está passando informações completamente erradas e absurdas.

Isso não pode acontecer.

Só que, aqui no Brasil, tais absurdos ainda são muito comuns, justamente por falta de triagem por parte do editor. Por imaginar que o *pocket book* somente será lido por *leitores sem importância*, eles não têm o menor cuidado em selecionar ou revisar os textos.

Acho que é fundamental lembrar – tanto editor como autor – que não existe *leitor sem importância*. O simples fato de ser leitor já lhe confere importância. E muita.

Nesse ponto, tenho minha consciência tranqüila: durante os cinco anos em que escrevi 999 *pocket books*, sempre procurei transmitir informações absolutamente corretas, informações estas que foram frutos de longas e insones noites de pesquisas até conseguir formar um banco de dados suficientemente grande para satisfazer minhas necessidades.

Na realidade sempre considerei – e hei de continuar considerando – o *pocket book* como um livro de extrema importância social e cultural, mesmo porque, para um grande número de pessoas, trata-se do início de uma *carreira de leitor*. Como já mencionei antes, é no *pocket book* que elas começam a *aprender a ler* para, quando já estiverem mais *treinadas*, aventurarem-se em *vôos mais longos*, em leituras maiores e mais profundas.

Por tudo isso acho que esse tipo de literatura – e que seja chamada de *literatura descartável*, pois não afeta em nada seu valor como meio de lazer saudável e fértil – merece um pouco mais de consideração.

Consideração de todas as partes: dos próprios autores, dos editores, dos críticos e dos leitores de modo geral.

Dos autores, o *pocket book* espera mais dedicação e menos mercenarismo. Produzir, sim, mas coisas boas, bem-feitas, bem escritas, bem estruturadas.

Dos editores, mais carinho e muito mais rigor na seleção dos trabalhos, para que não se publique aquilo cujo lugar seria no máximo – e para ser delicado – a cesta de lixo.

Dos críticos, mais compreensão e mais cautela na análise do que existe em matéria de *pulp fiction books*. Inegavelmente, há muita coisa boa; portanto, generalizar qualificando todo e qualquer trabalho em formato *pocket* como subliteratura é, no mínimo, crueldade e precipitação. Lembrar que, como em todo e qualquer formato de livro, entre os pequenos, baratos e humildes *pockets* também há obras excelentes dentro da finalidade a que se destinam – e é função do crítico ser imparcial, ter total isenção de espírito e estar acima de todo e qualquer preconceito. Há até a *Bíblia Sagrada*, que é do mesmo *tipo* – livro de bolso – que *Os colts de McLee*.

Dos leitores, os bons autores desse tipo de livro esperam a seleção. Esperam que o próprio público repudie o que não presta e divulgue o que é realmente um trabalho com valor literário, mesmo sem nenhuma pretensão aos pódios da intelectualidade.

Ou da *pseudo-intelectualidade*...

Tanto os *pocket books* quanto os *livros normais* em 14 cm x 21 cm ou 16 cm x 23 cm, quando obras de ficção, podem ser classificados, quanto ao seu tema, em dez grandes grupos: aventura, história de amor, policial, espionagem, guerra, ficção científica, ficção espiritualista, realismo fantástico, terror e faroeste.

Pode-se perguntar por que os livros sobre faroeste estão classificados à parte e não incluídos no grande grupo de livros sobre aventuras. Acontece que as histórias de bangue-bangue obedecem a uma metodologia especial para sua estruturação, e pode-se dizer que o bom faroeste só é mesmo bom porque foi escrito por um *especialista* no assunto. O bom autor de *westerns* precisa ter um amplo conhecimento sobre a geografia da América do Norte – não apenas do Oeste dos Estados Unidos –, uma bem fundamentada noção de história, no mínimo noções de sociologia, antropologia e política concernentes àquela época e conhecimentos avançados sobre balística, armas, munições, cavalos, gado, fauna, flora, carruagens, mineração, *saloons*, bordéis, cassinos, cassinos flutuantes do Mississipi, costumes do final do século XIX, linguajar da época e mais uma infinidade de elementos que forçosamente entram na imensa maioria dos livros que tratam da colonização e conquista do Oeste e Centro-Oeste dos Estados Unidos.

Logo, percebe-se que não é tão fácil assim escrever um bom bangue-bangue...

Ou qualquer romance baseado em fatos históricos, como virou moda na Europa de cerca de trinta anos atrás.

A ESCOLHA DO TEMA

Pode parecer estranho que a escolha do tema esteja colocada aqui *depois* da pesquisa de opinião. Certamente haverá quem indague: *Mas como é possível pesquisar opinião sobre algo que ainda não foi definido?*

A resposta é simples e objetiva: fizemos um levantamento de opiniões a respeito de *uma idéia* e, com base nesse resultado, trataremos de escolher e definir o *tema* que será o alicerce de nosso trabalho.

Vamos explicar com um exemplo.

Suponhamos que a idéia tenha sido: *Quero escrever um romance que fale da possibilidade de se fazer um clone de Cristo por meio de um fragmento do Santo Sudário. Porém, como já se sabe que o Santo Sudário não é o verdadeiro pano que enrolou o corpo de Cristo, o sangue que ali está não é o Dele e, assim, o clone que se vai obter é de qualquer outra pessoa. Um bandido, talvez.*

Esta é a idéia e sobre ela começamos o nosso trabalho.

Em primeiro lugar, fomos investigar a existência de fontes de informação. Rapidamente concluímos que elas existem e aos montes. Teremos, inclusive, muito trabalho em selecioná-las e filtrá-las. Também fizemos uma pesquisa sobre romances semelhantes e vimos que, apesar de existirem alguns, não apenas eles não obtiveram sucesso, como também não trilharam o mesmo caminho que estamos pretendendo. Assim, nosso romance será seguramente *original*.

É com essa idéia em mente que partimos para a pesquisa de opinião. E – graças a Deus – ela foi bastante positiva: muitas pessoas, incluindo aí alguns profissionais do ramo editorial e livreiro, gostaram da idéia e incentivaram o seu desenvolvimento.

Ótimo! Felizes da vida, começamos a concentrar nossos esforços na escolha do tema.

Para isso, evidentemente, é preciso saber o que é *tema*.

Digamos que o tema precisa ser a base da produção, a fundação sobre a qual erigiremos o romance. Essa edificação deverá seguir o que indica o alicerce, para formarmos um texto que combine perfeitamente com a proposição posta ou sugerida pela idéia que tivemos, ainda que essa idéia tenha sido apenas rudimentar.

Assim, podemos ensaiar uma definição para *tema*:

TEMA É A PROPOSIÇÃO QUE SERÁ TRATADA OU DEMONSTRADA E EM QUE SE BASEIA UMA PRODUÇÃO INTELECTUAL QUALQUER.

Ter a idéia para escrever um livro não significa, obrigatoriamente, que se tenha em mãos o *tema* da história.

Numa linguagem mais poética, pode-se dizer que tema é o germe do que procede e em que vai se desenvolver a composição.

Digamos que a idéia é a *fonte* e o tema é a *canalização* que vai nos trazer a água que ela pode nos dar. Fazer bom uso dela é o correto e completo *aproveitamento* do recurso.

Não é necessário dizer que da boa escolha do tema depende em grande parte o sucesso da obra – ou seja, a possibilidade de o livro se tornar um *best-seller*. Não é segredo para ninguém o fato de ser absolutamente inútil ter uma boa idéia se o tema escolhido – ou encontrado – for maçante, ultrapassado ou impossível. E, infelizmente para nós, escritores, nada é mais fácil do que descobrir, de repente, que aquele tema que nos pareceu ser genial, fantástico e formidável, não interessa a ninguém a não ser a nós mesmos.

Portanto... Não serve como tema para um *best-seller*.

Claro que vocês têm o direito de perguntar onde está a nossa independência opinativa, onde está a nossa liberdade de escrever sobre o que bem quisermos.

De fato... Escrever sobre qualquer coisa, nós podemos. O que interessa é saber se o editor também pensa desse modo e – mais importante ainda – saber se o público vai comprar o livro...

Vejo, neste ponto de minha explanação, a necessidade de esclarecer – ou de tentar esclarecer – a diferença entre *tema* e *temática*.

São dez, como vimos há pouco, os tipos de temas. Já a *temática* precisa ser vista de um foco mais amplo. Ela é, na verdade, a junção do *tema* com os *assuntos abordados* no romance.

Então, podemos dizer que

> TEMÁTICA É O CONJUNTO DOS TEMAS QUE ACABAM POR CONSTITUIR O ENREDO DE UMA OBRA LITERÁRIA.

Assim, um romance pode ter como tema *policial*, abordando um seqüestro com finalidades políticas e desvendado graças a uma carta psicografada...

Para o escritor de *thrillers*, o tema e a temática têm de ser praticamente *ditados* pelo gosto dos leitores e pela *necessidade de mercado*. Inclua-se aí a *oportunidade situacional*, ou seja, *a moda*. Assim, num momento histórico em que tudo leva a se falar de seqüestros, por exemplo, é mais facilmente aceitável um romance cujo enredo gire sobre esse assunto do que um outro que fale sobre conquistas espaciais. Será muito mais vendável um *thriller* que verse sobre o narcotráfico na América Latina e suas implicações com a política interna de certos países do que um outro cujo tema seja a Guerra do Paraguai, com temática focada num amor proibido entre a filha de um general paraguaio e um simples soldado brasileiro dado como morto e deixado para trás na Retirada de Laguna.

Isso, evidentemente, não quer dizer que não se deva escrever sobre qualquer outra coisa que não raptos, seqüestros e resgates, ao contrário.

Como acabamos de falar, existe a tal *liberdade* e *independência*.

Mas também existe algo muito sério que se chama *mercado*, e é justamente dele que nós, escritores que decidimos realmente viver daquilo que produzimos, conseguimos *sobreviver*.

Assim, apenas estamos levando em consideração que a *tendência do leitor* será a de *procurar ler sobre* o *tema da moda*.

E é por causa da moda que certas temáticas – aliás, excelentes – acabam ficando ultrapassadas.

Um bom exemplo de *temática ultrapassada* ocorreu há poucos anos, com o término oficial da Guerra Fria.

Todos os temas de espionagem internacional – espionagem político-militar, bem entendido – ficaram ultrapassados e tiveram de ser substituídos por temas de *espionagem industrial e empresarial*. Conseqüentemente, isso foi um problema dos maiores para a imensa maioria dos autores norte-americanos e ingleses de *thrillers* sobre espiões, códigos secretos, maletas tipo *James Bond* e coisas tais...

É claro que há temáticas que jamais *saem de circulação*.

O amor, por exemplo.

Romances que falam de felicidade entre dois amantes, que relatam os conflitos de um triângulo amoroso e que giram em torno de sexo – seja explícito ou não – nunca deixam de ser atraentes, em especial para um determinado grupo de leitores que buscam mais lazer e distração do que um efetivo *comprometimento* com a história que estão lendo.

É essa a famosa *literatura descartável* ou *literatura de lazer* a que se referem, muitas vezes jocosamente, alguns críticos literários, esquecendo-se de que, querendo eles ou não, esse tipo de obra também pode ter seu valor, não apenas como fonte primária de lazer, mas também como fonte de ilustração para os leitores.

Já por meio dessa última qualidade, o livro, ainda que *descartável*, passa a apresentar o seu *valor literário*.

Volto a repetir: o drama shakespeariano de Romeu e Julieta jamais cairá de moda, mesmo porque reflete não apenas o cotidiano amoroso mais puro, e por isso mesmo banal, mas principalmente a fantasia de amor que existe em todos nós. Fantasias estas que têm o dom de transformar a banalidade em complexidade...

Dessa maneira, escrever sobre esse tema exige apenas uma boa dose de *originalidade* – que é posta sobre a temática – para que não se reproduza *xerograficamente* os mesmos diálogos e as mesmas situações vividas pelo dois protagonistas do mais famoso de todos os dramas.

Também os noticiários políticos muitas vezes nos trazem idéias formidáveis para o desenvolvimento de um romance.

Essas idéias, originadas de informações verídicas e com boas fontes referenciais, podem levar a temáticas realmente eletrizantes e interessantes – como as fraudes *descobertas* e *deslindadas* pelas CPIs do Congresso...

Sem dúvida nenhuma, é até fácil escrever sobre esses assuntos, e é muito provável que a aceitação do trabalho seja bastante boa.

Porém, cuidados se fazem necessários; como já disse, é muito importante lembrar que, no meio político, seja no Brasil ou em qualquer outro país, *a realidade dos escândalos sempre supera de longe a ficção*. Assim, enquanto o autor se ilude, pensando estar *inovando*, os políticos e demais protagonistas dos extraordinários acontecimentos da vida real já o superaram em imaginação e criatividade há muito tempo.

É a tal história de sair para plantar o milho enquanto os outros já estão comendo a broa de fubá...

Além disso, nos temas políticos, especialmente os nacionais, sempre é preciso levar em consideração que a própria imprensa costuma esgotar o assunto – *cansando* o provável leitor, que, depois de quinze dias lendo e ouvindo sobre um determinado assunto, já não quer nem mais passar por perto de uma banca onde os jornais mostrem, em letras garrafais, aquele escândalo, muito menos comprar um livro de ficção sobre o assunto...! Esse leitor preferirá ler qualquer outra coisa, podem ter certeza disso.

O mesmo costuma acontecer com temáticas excessivamente chocantes quanto à violência: o povo prefere não ler sobre isso – o que saiu nos jornais já é o bastante.

Esses assuntos normalmente dão bons *thrillers*, mas é preciso saber administrá-los para que se transformem em sucesso e não numa exposição dolorosa de mazelas sociais.

Aliás, existe no seio de certo grupo de intelectuais brasileiros – infelizmente um grupo ainda bastante grande – uma terrível e desagradável tendência à exaltação da miséria. E fazem isso com tanta insistência que chegamos a pensar que esses autores não são capazes de escrever sobre nenhum outro assunto, ou então que eles morbidamente se comprazem em ver, estudar, comentar e relatar a miséria do nosso país.

Certo que se deve falar sobre tal situação. Um dos grandes erros que os intelectuais podem cometer é tentar tapar o sol com a peneira. E não falar sobre a miséria num país em que, infelizmente, existe uma imensa quantidade de seres humanos que vivem na mais absoluta pobreza é tentar esconder a verdade.

Logo, deve-se falar sobre a pobreza e a miséria. Mais certo ainda, porém, é combatê-la com todas as armas disponíveis em nossa sociedade, inclusive e principalmente com o intelecto daqueles que são mais privilegiados – ao menos cultural e espiritualmente.

Contudo, do ponto de vista de quem deseja se tornar um *bestseller*, autor de *thrillers* realmente vendáveis, a miséria *não pode ser exaltada; no máximo, pode ser combatida, em especial na comparação com a riqueza.*

Paradoxal? Radical?

Nem tanto, se lembrarmos que o leitor *deve* se identificar não apenas com o protagonista ou pelo menos com um dos personagens da história, mas também – e primordialmente – com o *ambiente em que a história se desenvolve.*

E ninguém gosta de se identificar com um miserável, com um favelado ou, que seja, um pobre de espírito. Muito pelo contrário, ele quer se identificar e se assemelhar ao herói, rico, bonito, inteligente, cercado de comodidades e de prazeres.

Isso é absolutamente normal e humano. Portanto, deve estar presente no pensamento de quem está pretendendo escrever um *best-seller*.

O leitor de *thrillers* quer fantasiar, quer se transportar para o interior do livro que está lendo; para que isso seja uma operação agradável, a miséria pode e deve ser mencionada, mostrada e combatida. Contudo, *com moderação*.

Dificilmente um *thriller* terá como *fundamento filosófico subliminar* a solução de um problema social.

Daí a miséria, como o lado ruim e azedo da vida, jamais deverá ser exaltada.

Sem nenhuma dúvida, há *best-sellers* que contrariam essa afirmação. Veja-se, por exemplo, o caso de *Cidade de Deus*, de Paulo Lins. Mas, na época de seu lançamento, ele vendeu durante todo o ano de 1997, apenas 12 mil exemplares. O sucesso do livro deveu-se ao filme com o mesmo nome, dirigido por Fernando Meirelles e roteirizado por Bráulio Mantovani.[*]

Repetimos e enfatizamos: o que estamos afirmando aqui não vale para os romances psicológicos profundos, para as obras de cunho eminentemente sociológico; vale tão-somente para aqueles livros que visam o lazer do leitor, que procuram transportá-lo para um mundo fantasioso, agradável e que – ao menos em sonho – realize suas aspirações de grandeza e suas fantasias de vida, estejam elas no campo material ou puramente no campo emocional.

Com tudo isso, podemos reafirmar que a escolha do tema é fundamental para o sucesso – aceitação pública – de uma obra.

---

[*] Crítica de Marcelo Janot, feita em 30 de agosto de 2002 no site www.criticos.com.br.

Neste ponto, podemos nos dar o direito de achar que o futuro escritor de *thrillers* está começando a ficar assustado, imaginando quanto é difícil encontrar um bom tema com base em uma idéia que lhe pareceu ser, a princípio, simplesmente genial.

Pois não se assuste.

Todo e qualquer tema é válido, bastando para que ele o leve ao pódio do sucesso – por meio de um bom tratamento e uma boa administração.

E não esqueçam de incluir, nessa *administração*, uma boa pesquisa de opinião...

A escolha do tema deve ser feita, portanto, com base em uma idéia já formada e *opinada*. Esse tema deverá representar o *meio de transporte para a idéia*.

Vamos aplicar o que dissemos no exemplo dado há pouco, sobre a idéia do clone de Cristo.

Qual tema escolheremos? Aventura? Amor? Policial?

Ora, já quando tivemos a idéia, o que nos veio à cabeça era que a obra fosse... digamos... um *thriller*.

Mas, afinal de contas... O que é um *thriller*?

Ouvimos tanto essa palavra, seja em livrarias, nos jornais ou em lojas de vídeo que já nos acostumamos com ela, entendendo-a sem ter a necessidade de traduzir. É como *workshop*: entendemos que se trata de um tipo de aula ou curso em que o professor e os alunos interagem mais do que o habitual. E é isso mesmo, muito embora o dicionário nos diga que *workshop*, seminário, curso intensivo e oficina são a mesma coisa.

Mas e *thriller*? O que é, na realidade? E por que eu falo tanto nessa palavra?

É verdade. Já repeti *thriller* muito mais vezes do que uma boa redação o permite...

Mas justifico: a literatura de lazer está, nos dias de hoje, construída em cima de... *thrillers*.

E isso porque

> *Thriller* é um romance ou novela que provoca interesse e suspense, não importando seu formato – pode ser um livro, um filme ou até mesmo uma peça de teatro.

Voltando ao nosso exemplo: se a idéia que tivemos pode se transformar – ou queremos que se transforme – num *thriller*, uma boa fórmula para levar adiante o projeto é o tema policial.

Porém, pela pesquisa inicial de fontes de informação que fizemos, já sabemos que haverá muita coisa histórica. Então, nossa narrativa terá uma conotação de romance histórico. Também lidaremos com ciência, com engenharia genética... E, obviamente, com coisas que, apesar de científicas, são bastante improváveis – isso se não forem improváveis de todo. Portanto, também entraremos na área da ficção científica – muito embora esta seja completamente diferente da ficção científica a que estamos acostumados, com discos voadores, alienígenas, monstros de plasma e coisas tais. Nossa ficção científica estará na forma como interpretaremos experiências que já foram realizadas e comprovadas, transportando-as para situações em que a confirmação científica é praticamente impossível – e isso se não o for de todo.

Além disso, temos de *costurar* esses três temas: o policial, o histórico e a ficção científica... E sabemos que temos de atrair o público leitor.

Então, pensamos: qual tema seria capaz de atrair os leitores e, ao mesmo tempo, fazê-los descansar a mente de sangue, dados históricos e fórmulas de cientistas?

A resposta é uma só: o amor.

Assim, descobrimos que mais um tema terá de ser inserido: o amor. Uma ou mais paixões, algumas decepções, com certeza algumas traições... Isso aumenta o interesse do leitor e *alivia* um pouco a densidade e a seriedade do texto.

E por falar em seriedade, não custará nada temperar todo esse caldo com uma pitadinha de humor.

Quando? Onde? De que forma colocaremos humor em nosso texto?

Isso só será definido no decorrer do percurso dramático; depende de muitos fatores, como o estilo do autor e o enredo em si.

De repente, descobrimos que estamos com cinco elementos, cinco caminhos ou, usando a comparação já mencionada, com cinco veículos para transportar nossa idéia: policial, histórico, ficção científica, amor e humor.

Mas... esperem um pouquinho! Não dissemos que o livro, cuja idéia acabou de nascer, trata de Cristo, do Santo Sudário e coisas assim? Não seria mais adequado dizer que o tema é, portanto, *religioso*?

Não. Não é um romance com tema religioso, mesmo porque ele não trata de religião, não discute ou põe em discussão nada sobre fé alguma. A religião deverá – talvez, quem sabe? – aparecer no *correr* do texto. Mas o tema é basicamente policial. Nós assim o definimos, pois trataremos de fazer uma investigação, de deslindar alguma coisa que caiba bem dentro desse contexto. Há também alusões históricas – mencionaremos o Santo Sudário, uma peça que faz parte da história da religião católica – e passagens importantes no campo da ficção científica – faremos uma clonagem com as células humanas presentes no Manto Sagrado. Recheando, estruturando e *costurando* tudo isso, até mesmo como pano de fundo, um ou mais casos de amor. Ah! Sim! Não podemos nos esquecer de *deitar* aquela pitadinha básica de humor...

Com os primeiros agradáveis tremores causados pela sensação de termos vencido mais uma fase – a escolha do tema –, estamos já nos aprontando para iniciar a batalha de vencer a próxima etapa, que é a pesquisa que vai fundamentar o nosso trabalho.

Antes disso, porém, há algumas poucas coisas que devem ficar claras.

Quando se fala em tema, logo vêm à nossa mente outras duas palavras que facilmente são motivo de confusão com... o próprio *tema*.

E essas palavras são *linha* e *estilo*.

Digo *confusão* porque muitas vezes vemos pessoas dizerem, por exemplo, que acabaram de ler *um excelente romance de* **linha** *policial*.

Linha não é *tema*: essa pessoa leu um excelente romance de tema policial e de linha, vamos dizer, dedutiva. Isso pode significar que o autor quis dar – e conseguiu, veja que é um *excelente romance* – uma regra de conduta dedutiva para sua narração ou para o comportamento de seu protagonista.

Podemos ter romances de tema histórico com *linha* marxista, por exemplo.

Já quanto à palavra *estilo*, podemos encontrá-la, muito freqüentemente, sendo usada de forma errônea, substituindo justamente *linha*. Vejamos um exemplo: *O professor Vasconcelos acaba de publicar um livro adorável, de estilo espiritualista...*

Não é estilo. É linha. E a nota acima não disse absolutamente nada a respeito do tema. É um romance? Um policial no qual o crime é solucionado por uma mensagem psicografada do próprio assassinado?

O estilo é o aspecto formal da obra artística, e obrigatoriamente tem de considerar todo o tratamento dispensado às formas como essa obra pretende impressionar o público. Ou seja, no caso de um livro, nada mais é do que a maneira de escrever, a forma como o autor exprime suas idéias, suas descrições, os diálogos que inventa e as situações que imagina.

O estilo é uma característica individual do autor, e é tão típico de cada um que é possível dizer se um determinado texto é de autoria deste ou daquele escritor em uma simples leitura.

Há incontáveis tipos de estilos, como o *barroco*, surgido no século XVI e caracterizado pela ordem imaginativa sobre a lógica, extremamente rebuscado e cheio de pompa verbal, com uso abundante de imagens literárias, comparações, paradoxos, jogos mentais etc.

Cabe aqui, ao tratarmos ainda que sucintamente de estilo, lembrar que a humanidade vem evoluindo desde que uma certa raça de macacos decidiu descer das árvores e caminhar sobre duas patas... E, com ela, a fala também evoluiu. Da mesma forma que, milhares e milhares de anos depois, a escrita também. Hoje em dia, querer escrever no mesmo estilo que era usado – e elogiado – no século XIX representa um autêntico suicídio literário. É ridículo, aliás.

O oposto radical também é patético: um estilo excessivamente pobre, no máximo, levará o público leitor a desvalorizar a obra – inclusive em seu conteúdo, ainda que este seja bom.

De forma às vezes dolorosamente decepcionante, percebemos que o estilo é uma característica que acaba por cair de moda em muitos casos. Assim, por exemplo: na década de 1950, li com imenso prazer toda a coleção *Caçando e pescando por todo o Brasil*, de Francisco de Barros Jr. Alguns anos atrás encontrei num sebo um desses livros e, movido por um delicioso saudosismo, comprei-o. Mas... Que decepção! Não consegui nem mesmo passar do segundo capítulo. E não por ter achado o tema infantil demais ou a linha antiecológica – o livro fala de caçadas, verdadeiras carnificinas em que se matam jacarés só por matar –, mas sim por causa do estilo. Rebuscado demais, erudito em excesso... Cansativo, enfim. Contudo, quando o li nos idos anos 1950, não achei nada disso... Ao contrário, devorei a coleção toda.

Certo... Os mais desagradáveis dirão com um sorrisinho de mofa que eu não tinha nenhum preparo, que minha ingenuidade de pré-adolescente permitia que eu achasse qualquer coisa boa.

Não é nada disso. Naquela época, simplesmente estávamos acostumados a um estilo assim. Líamos inúmeros autores que escreviam do mesmo modo, cuidando às vezes até excessivamente da língua e esmerando-se com as palavras, o vocabulário, a forma, a erudição. Hoje estamos mais objetivos, mais diretos. Talvez mais frios e secos...

E aí, aqueles mesmos desagradáveis perguntarão: *Mas o que dizer dos clássicos da literatura portuguesa e brasileira? Eles também caíram de moda?*

Não é bem assim. Um clássico é um clássico, e justamente por isso, jamais cai de moda.

Um Eça de Queiroz, um Machado de Assis, até mesmo um Monteiro Lobato são leituras absolutamente obrigatórias, jamais poderão ser qualificados de *démodés*.

Um jovem de hoje, desses poucos que lêem, encontrará muito mais facilidade – e, portanto, mais prazer – na leitura de um Fernando Sabino do que na de um Machado de Assis ou de Euclides da Cunha.

E por quê? Única e exclusivamente por causa do estilo. O Machado é mais pesado, mais rebuscado e, logo, mais cansativo para a mente de quem está habituado – mesmo porque empurrado – a uma vida rápida e objetiva. E o Euclides, então? Nem há o que dizer... Os três são bons? Claro! Cada um em seu... estilo.

Dessa forma, acho que estamos autorizados a definir – finalmente! – estilo.

> ESTILO É A MANEIRA DE EXPRIMIR OS PENSAMENTOS, ORAL OU ESCRITA, CARACTERIZADA PELO EMPREGO DE EXPRESSÕES E FÓRMULAS PRÓPRIAS DO AUTOR.

Assim, podemos afirmar que um autor, mesmo que possa escrever sobre vários temas e até mesmo seguir diversas linhas, sempre terá a tendência de usar o mesmo estilo. E sou capaz até de arriscar que o autor que tenta fugir de seu estilo normalmente estará condenado a fugir de sua própria identidade.

Muito bem. Agora que já tivemos a idéia, já escolhemos o tema, já pesquisamos um pouco sobre ele e já sabemos que tipo e que classe de livro pretendemos escrever, podemos passar sem mais demora à fase que antecede imediatamente a construção de nossa obra.

6. A pesquisa

Uma das exigências do público apreciador de *thrillers* é a verossimilhança.

> VEROSSIMILHANÇA É A SEMELHANÇA COM A VERDADE, OU SEJA, *A POSSIBILIDADE* DE O QUE É NARRADO NA HISTÓRIA TER ACONTECIDO OU DE VIR, DE FATO, A ACONTECER.

Assim, por mais que se dê a desculpa de que tudo não passa de ficção, não é válido colocar Mozart vivendo no século XX, ou, o que é pior, imaginar a CIA como uma instituição criada para espionar os mexicanos quando da conquista do Texas...

É claro que existem as exceções. Encontramos muitos romances – e dos bons! – que falam de situações absolutamente impossíveis de terem acontecido. Esse é o caso, por exemplo, do *realismo fantástico*.

Porém, esse tipo de ficção é especial e não estamos tratando dele. Falamos de um livro que tenha condições de se transformar num *best-seller* e que seja baseado em fatos da vida real, já que a *idéia inicial* foi tomada do cotidiano ou de arquivos de pesquisa.

Estamos limitando?

Não. Estamos apenas *delimitando* o nosso campo de ação literária, estamos *controlando* e *domando* nosso impulso criador, impedindo-o de extrapolar as raias do que é *normal* ou, pelo menos, daquilo que é *possível*.

Um bom *thriller* precisa estar o mais próximo possível da realidade, justamente para que o leitor possa, com mais facilidade, se identificar com o protagonista ou com um dos personagens, localizando-se no tempo e no espaço em que ocorre a ação dramática. Além disso, deve se integrar ao ambiente particular do protagonista no decurso da história.

Ora, não é possível obter verossimilhança sem pesquisa, mesmo porque essa qualidade do trabalho tem de ser, no mínimo, *relativamente* exata. Isso quer dizer que não podemos *chutar* a descrição de uma igreja ou de uma cidade cujos nomes verdadeiros estão sendo citados. Ao contrário: é fundamental ter um perfeito conhecimento de todo e qualquer assunto *realmente verídico* ou *de fato existente* sobre o qual se vai falar.

Escrever, por exemplo, que a praça Buenos Aires, em Higienópolis, São Paulo, fica na Freguesia do Ó é um erro crasso que tira por completo toda a credibilidade do romance e do romancista.

A pesquisa sobre o tema deve ser subdividida em:

- *Pesquisa interna* – Feita habitualmente no ambiente fechado de um escritório, biblioteca, arquivo de jornal etc.
- *Pesquisa de campo* – Feita nas ruas, nos próprios locais onde se desenrola o percurso dramático do romance.

Por sua vez, a *pesquisa interna* pode ser:

- Histórica
- Geográfica
- Sociológica
- Tecnológica

Qualquer pesquisa tem por finalidades principais:

- Evitar que se publiquem barbaridades

- Conferir credibilidade ao texto e ao autor
- Localizar a trama no tempo
- Localizar a trama no espaço

Por exemplo, seria uma barbaridade dizer que o Marechal Castello Branco, primeiro presidente do Regime Militar que teve início em 1964, morreu de um infarto do miocárdio. Ou, ainda, que a Segunda Guerra Mundial começou com o ataque dos japoneses a Pearl Harbor.

Já tive a oportunidade de ler, em romances escritos por autores muito bem considerados e conceituados, coisas verdadeiramente inacreditáveis, que me omito de aqui citar para não causar situações constrangedoras. Limito-me apenas a comentar que *com a História não se pode brincar*. Se vamos citar um fato histórica e documentalmente comprovável, que ele seja exato. Se vamos teorizar ou, que seja, *fazer suposições* sobre um fato histórico que poderia ter acontecido desta ou daquela maneira, ou ainda se vamos *interpretar* determinado acontecimento da trajetória de um povo, temos de estar solidamente alicerçados em pesquisas e em conhecimentos sobre o assunto para que não corramos o risco de cair no ridículo.

Datas são datas, precisam ser respeitadas e é sempre conveniente citá-las para que o leitor possa se localizar no tempo da ação dramática com maior facilidade. Quantas e quantas vezes não lemos um romance e, depois do terceiro ou quarto capítulo, ainda não conseguimos definir quando a história se passou...!

Ora, sei muito bem que, mais uma vez, há exceções. Estas estão nos romances em que o autor faz absoluta questão de não definir o *quando*.

E não nos é proibido imaginar que ele só não disse datas por uma questão de insegurança... Maldade minha? Talvez... Mas não custa nada dizer, ainda que *en passant*, quando a história imaginada aconteceu. Ou acontecerá, se a ação dramática estiver localizada no futuro.

Muitas vezes somos tentados a escrever uma ficção sobre fatos ocorridos há um ou dois séculos.

Como a pesquisa se torna necessária...!

Temos de lembrar que não foi apenas a história que atravessou o tempo; também o tempo passou pelos lugares onde estamos fazendo acontecer a ação dramática. Assim, além de conhecer o que aconteceu e o que estava acontecendo com aquele povo e com aquele país na época em que localizamos nossa história, é preciso saber quais foram as modificações que o passar dos anos gerou naquele lugar. São várias as possibilidades: igrejas que antes existiam podem não mais estar de pé, cidades inteiras podem ter sido destruídas por guerras, furacões e terremotos, ferrovias construídas e depois abandonadas...

Enfim, independentemente da *quantidade de tempo*, sempre ocorrem acontecimentos dos quais somente nos inteiraremos se pesquisarmos sobre essa época. E uma pesquisa muito cuidadosa só pode fazer bem ao nosso produto final, que é o livro.

Erros geográficos são comumente cometidos; no que pese sabermos que a imensa maioria das pessoas não possui conhecimentos de geografia suficientes para perceber certos detalhes – por exemplo, ao descrever o trecho da Serra do Mar entre São Luiz do Paraitinga e Ubatuba, falar sobre o Bairro da Cascatinha em vez de Cachoeirinha – devemos ter sempre em mente que provavelmente *um* leitor que conheça a região a fundo poderá aparecer. E morrerá de rir ao ler que o protagonista de nossa história passou por Cunha e por Lagoinha em sua viagem *urgente e apressada* de Taubaté a Caraguatatuba. Ou, o que ainda seria pior, de São José dos Campos a Campos do Jordão.

Dentro da imensa gama e variedade de erros ditos *geográficos*, encontramos as formidáveis e risíveis falhas descritivas.

Assim, por exemplo, vemos com muita freqüência citações sobre a Amazônia, dando conta de que tudo ali não passa de uma imensa planície coberta por árvores enormes e seculares. Não se menciona os morros e montanhas, não se fala das zonas alagadas, não se fala das grandes áreas onde não cresce nada além de vegetação rasteira depois da passagem criminosa do homem branco.

E há coisas ainda mais hilariantes, como dizer que o Arco do Triunfo fica na Inglaterra ou que a Grande Muralha separa a China do Japão...

Levando em conta que estamos escrevendo um *thriller*, e que os leitores dessa espécie de livro têm de se identificar com pelo menos um dos personagens que pusemos no papel, é de todo interessante que esse personagem – já funcionando quase como um *alter ego* do leitor – pelo menos saiba onde se encontra neste mundo (ou em qualquer outro, em se tratando, por exemplo, de uma ficção científica com naves espaciais).

Além do mais, é absolutamente necessário que qualquer trama, qualquer percurso dramático, ocorra num determinado lugar. E, mesmo que esse lugar seja totalmente fictício, ele precisa estar definido (uma ilha, um vale perdido, uma floresta tropical ou uma cidade imaginária de um país também imaginário).

Ora, para se idealizar um lugar qualquer, é imprescindível ter um modelo. E esse modelo tem de ser próximo do real. Para isso, é necessário que se conheça pelo menos um pouco de geografia para, em primeiro lugar, não correr o risco de *imaginar* um lugar que, de fato, exista no mundo real.

Na pesquisa geográfica devemos incluir a fauna e a flora, a arquitetura, a decoração, o trânsito nas ruas, as rotas aéreas, marítimas, ferroviárias ou rodoviárias, os horários de trens, aviões, ônibus e navios, e tudo mais que implique a possibilidade de fazer o leitor *viver* o mais intensamente possível o *momento* da ação dramática.

A *pesquisa sociológica* – que poderia perfeitamente fazer parte da pesquisa histórica – tem por objetivo possibilitar a visualização da situação humana dos personagens, especialmente dos protagonistas. É um estudo mais aprofundado do *modus vivendi* da época em que se passa a história, com vistas muito cuidadosas para o comportamento das pessoas e para a moda de então.

Seria um bocado estranho colocar um fidalgo português no final do século XIX fumando um charuto diante de senhoras... E, mais ainda, num restaurante. Ou, então, um jovem dos anos 1990 beijando a mão da mãe da namorada ao ser apresentado a ela. Isso pode até ser educado, mas... Fica extemporâneo.

A *pesquisa tecnológica* possibilita a correta descrição de equipamentos, técnicas, artes, procedimentos médicos e tudo mais que implique de alguma forma o grau de evolução do conhecimento e da tecnologia na época em que se dá o percurso da ação. Essas descrições, por sua vez, auxiliam o leitor a vivenciar mais *concretamente* os acontecimentos narrados na história e a melhor compreender a ação dramática.

Convém lembrar que nem todos os leitores são especialistas em equipamentos ou em alta tecnologia. Daí ser de todo conveniente não especificar demais, não detalhar em excesso – enfim, não confundir um livro de ficção com um tratado sobre um assunto qualquer. Descrever, por exemplo, a suspensão dianteira de um *Mercedes Benz* e gastar com isso dez páginas, além de ser extremamente maçante para a maioria dos leitores, é um redondo absurdo e uma autêntica *encheção de lingüiça*.

É preciso tomar muito cuidado com os *erros de tecnologia*. São erros que poderiam ser enquadrados dentro dos *erros históricos*, mas, pessoalmente, prefiro qualificá-los à parte.

Eles são mais freqüentes nos livros de ação, nas aventuras movimentadas e com um certo grau de violência, quando o autor trata de armas de fogo, de automóveis, de aviões, helicópteros, computadores e toda essa parafernália tecnológica que, nas telas dos cinemas, fazem o delírio dos espectadores.

Dentro desses erros, podemos citar a confusão de calibres de armas e a procedência e a potência de determinados tipos de armamentos – uma pistola alemã Luger calibre 9 mm, por exemplo, não tem capacidade de perfurar a blindagem de um tanque, nem mesmo de um tanque leve e ligeiro. Também são incoerências comuns a velocidade final de certos automóveis – um Rolls Royce não consegue acelerar até 200 km por hora numa estrada cheia de curvas – e o desempenho *off-road* de certos veículos; um jipe Toyota, por melhor que seja, não consegue atravessar um pântano, e é absolutamente impossível um helicóptero voar mais depressa que um Boeing em sua velocidade de cruzeiro.

Nos filmes, até pode valer o *mocinho* disparar trinta tiros sem recarregar a arma: pode-se supor que ele o tenha feito num momento em que a câmera não o estivesse focalizando. Num livro, é fundamental contar os disparos e dar oportunidade ao protagonista ou ao antagonista de recarregar sua arma.

Do mesmo modo, *é preciso saber onde e como disparar, para de fato neutralizar o adversário*. Lembremos que um tiro de calibre 32 não é suficiente para *parar* o inimigo, a menos que o acertemos na cabeça. O mesmo vale até para calibres maiores, quando o alcançamos no abdome, no hemitórax direito ou nos ombros.

O truque: atirar para matar, sempre na cabeça e com grossos calibres.

Ou, então, usar uma escopeta calibre 12...

Mas isso tudo é muito violento!

Pior do que isso, só quando não se sabe mais o que fazer com um punhado de bandidos, e então colocamos todos dentro de um vagão ou de um caminhão e o detonamos com uma carga de TNT... Coisas ótimas para filmes norte-americanos bem pouco intelectualizados... Mas falemos de coisas mais sérias.

Quando estamos escrevendo um livro e temos de entrar em detalhes quanto a equipamentos, é muitíssimo importante lembrarmos da data em que ocorre a ação dramática. Não teremos perdão se colocarmos um helicóptero fazendo resgates de feridos durante a Primeira Guerra Mundial ou se descrevermos combates aéreos com caças Migs e Sabres em 1941...

O mesmo cuidado – e talvez até um pouco mais – se faz necessário quando tratamos de assuntos médicos. Seria estúpido tentar explicar a fisiopatologia de um infarto do miocárdio ou fazer uma explanação didática do tratamento quimioterápico contra um câncer. É o bastante dizer apenas por cima. Mas esse *por cima* tem de ser correto.

E, quando o assunto assim o exigir, as descrições e *dissertações* científicas precisam estar numa linguagem o mais leve possível, capaz de ser entendida por qualquer leigo. *Entendida* e não *suposta*. O texto, portanto, deve ser *esclarecedor* e não tão complicado que obrigue o leitor a fazer um curso de medicina ou de engenharia para poder começar a compreendê-lo.

Como já dissemos, a transmissão de um conhecimento sólido na área tecnológica possibilita ao leitor identificar-se mais facilmente com o enredo exposto no texto. Quando falamos de internet, por exemplo, já deixamos subentendido que a história está se passando nos dias atuais, pelo menos nas últimas duas décadas. Se abordamos um assunto que implique a telegrafia por fio, já imaginamos que estamos no final do século XIX, no máximo até a primeira terça parte do século passado.

A *pesquisa de campo* talvez seja a mais agradável de fazer, pois implica viajar, conhecer pessoas diferentes, *bisbilhotar* não apenas a vida alheia – o que, para a imensa maioria dos escritores, é extremamente excitante e prazeroso –, mas também lugares, povos, situações, opiniões e... segredos.

Nesse tipo de pesquisa, o escritor deve contar com as seguintes ferramentas:

- Lógica
- Capacidade de observação
- Capacidade de indução
- Capacidade de interpretação
- Capacidade de síntese
- Memória

A *lógica* fará que o escritor tenha a certeza de qual o melhor lugar e qual o melhor grupo de pessoas a ser pesquisado. Por exemplo, no caso do *thriller* que estamos imaginando escrever sobre o Santo Sudário: qual seria o melhor lugar para iniciarmos nossas pesquisas de campo? Evidentemente, em Turim, na Itália. E depois no Vaticano, em Roma. Quanto às pessoas, com certeza teremos de falar com alguns religiosos – padres, freiras, bispos –, o que já sabemos que não será uma tarefa das mais simples.

Aí já começa a entrar a nossa *capacidade de observação*. Temos de *observar* atentamente as pessoas do grupo de nosso interesse que nos são apresentadas, e *intuir* quais delas possibilitarão acesso às perguntas que teremos de fazer – que, sabemos de antemão, poderão melindrar muita gente.

Então, vamos marcar algumas entrevistas – com aquelas pessoas que imaginamos serem as de mais fácil acesso – e tentar, durante a conversa, usando a nossa *capacidade de indução*, fazê-las dizer aquilo que queremos ou precisamos ouvir.

Há alguns truques para isso, muito utilizados em espionagem industrial – hoje em dia disfarçada sob o pomposo título de *inteligência competitiva* – e que auxiliam a conseguir depoimentos muitas vezes inacreditáveis.

Não nos alongaremos demasiadamente nesse assunto, uma vez que o foco deste livro não é a espionagem industrial, mas é de todo interessante que tomemos conhecimento de alguns pontos.

Em primeiro lugar, essas entrevistas têm de ser encaradas como uma operação de coleta de informações e não como uma visita social. E, nessas circunstâncias, o entrevistado tem de ser visto como uma *fonte de informação* e não como um *simpático padre que tem algumas coisas para nos contar*.

Quando, na entrevista, tratamos de um assunto tão polêmico que a opinião pessoal da fonte de informação esteja, digamos, um tanto quanto cerceada e peada por conceitos, preconceitos ou mesmo ordens superiores, *arrancar* alguma informação credível não é nada fácil. Será preciso *induzi-la* a falar, a se abrir.

Segundo os especialistas em inteligência competitiva, uma das melhores técnicas de indução é a *provocação*. Você *provoca uma reação* por parte da fonte de informação e isso a faz, inadvertidamente, *contar*.

Fazendo uso do nosso *thriller*, vai aí um exemplo:

A *lógica* nos disse que a melhor fonte de informações verbais seria uma conversa com um padre, ou um grupo de padres. Nossa cuidadosa e persistente *observação* nos levou a acreditar que o padre Giuseppe, dentre todos os outros que conhecemos, seria o mais indicado a nos contar alguma coisa útil. E isso porque pudemos observar que ele é falante, muito comunicativo, simpático, *bom vivant*, *gourmet* e ótimo copo. Todos os ingredientes, portanto.

Conseguimos marcar uma entrevista com ele – logicamente, num restaurante. Desfrutamos de uma mesa bem servida; depois de levarmos a conversa ao assunto que nos interessa, dizemos alguma coisa como: *Sabe, padre... Não consigo entender o motivo de a Igreja Católica não usar um pouco mais o Santo Sudário como símbolo de fé. Afinal de contas, é a relíquia mais preciosa do catolicismo!*

Não ficaremos surpresos – muito embora nos esforçaremos ao máximo para assim parecer – se o digníssimo clérigo responder: *Ora! O Vaticano é esperto... Jamais poria a cara a tapa fazendo publicar a autenticidade de uma peça cuja origem é duvidosa até mesmo para muitos cardeais!*

Daí para frente, é possível fazê-lo dizer tudo quanto queremos.

Depois, de posse das informações e já no aconchego de nosso quarto, fazemos uso de nossa *memória*, pois mesmo que tenhamos gravado ou anotado absolutamente tudo que nos foi dito, há sempre as importantíssimas *expressões faciais e gestuais* e que devem ser levadas em conta; de nossa *capacidade de síntese*, para fazermos um filtro das informações coletadas; e de nossa *capacidade de interpretação* – na verdade, nada menos que a *análise da informação*. Então teremos a informação de verdade e não apenas uma coleção de dados que, muitas vezes, poderão formar uma massa sem sentido ou nexo.

Ao escrever um livro, espera-se que o resultado apresente o menor número possível de erros. Para que esses erros não aconteçam, só há uma receita: pesquisar. Pesquisar exaustivamente, montar um banco de dados, consultar jornais, enciclopédias, compêndios, tratados...

E não ter vergonha de perguntar a quem sabe mais, pois, afinal de contas, ninguém nasce já dono do conhecimento – ninguém nasce sabendo!

Assim, poder dispor de boa orientação na pesquisa é fundamental para que não se perca tempo: é preciso lembrar que estamos escrevendo um *thriller* que deverá ser entregue ao editor o quanto antes para que não percamos o *timing* de lançamento da obra.

De que adianta escrever sobre a Guerra do Golfo Pérsico e publicar o livro mais de uma década depois de seu término?

Os *minute books* são uma excelente maneira de levar ao público ficções a respeito de fatos recém-ocorridos – que ainda estão *quentes* –, despertando um elevado grau de interesse dos leitores. Esse tipo de literatura é fruto de 70% de pesquisa e apenas 30% de imaginação. Com grande chance de a obra ser bem aceita.

Muito bem. Com a pesquisa feita e os dados devidamente filtrados, analisados e transformados em informação, podemos passar para a etapa seguinte, que é a estruturação do projeto, verdadeiramente o início da construção.

Porém, antes disso, gostaria de explicar algo que, a meu ver, é de suma importância.

Escrevi que a pesquisa sobre o tema tem por objetivo impedir que se cometam erros de localização históricos, geográficos, sociológicos, tecnológicos, além de facilitar as descrições.

Estas, por sua vez, são imprescindíveis, desde que leves, para que o leitor possa identificar, ou melhor, imaginar o cenário onde transcorre a ação dramática.

Falei *leves*... E é exatamente isso o que eu quis dizer.

Uma descrição não pode ser detalhada demais.

Ao leitor comum não interessa saber pormenores ínfimos tais como a cor e o formato das pedras do caminho, a menos que esses dados tenham alguma importância relevante na essência da história. Basta saber que o *caminho tinha pedras multicoloridas e das mais variadas formas*.

Por outro lado, a descrição também não pode ser *pobre* demais.

No exemplo citado, se dissermos apenas que havia *um caminho*, o leitor pode imaginá-lo até mesmo asfaltado...

Outra coisa: é fundamental usar para as pesquisas um material adequado, ou seja, mapas de época, livros que falem clara e precisamente sobre o período abordado, dados exatos sobre os costumes e até mesmo sobre as modas e os modos...

Finalmente, temos de lembrar que uma função secundária dessa fase de pesquisa é mostrar ao público leitor que o livro em questão foi *trabalhado* – é fruto de um esforço intelectual e não apenas um amontoado de palavras e frases que, ainda que tenham nexo, não possuem nenhuma profundidade.

7. O início da construção

Como já vimos até agora, escrever um livro pode ser comparado a uma construção que se executa de acordo com normas bem definidas, seguindo um projeto predeterminado, exatamente como se estivéssemos levantando uma casa.

A idéia, o tema, a pesquisa e a escolha do tipo de livro são os alicerces dessa construção, que, a partir deste momento, começa a tomar forma e a *parecer* efetivamente com alguma coisa.

O processo de criação será sempre sustentado por três pilares:

- Planejamento
- Análise
- Síntese

PLANEJAMENTO

Na realidade, já começamos essa etapa quando tivemos a idéia do livro. Tanto assim que, ordenadamente, escolhemos o tema, fizemos as pesquisas – tanto de mercado (opinião) como a pesquisa sobre o tema – e escolhemos a linha que pretendemos seguir.

Agora, com tudo isso já pronto, chegou a hora de estruturar o projeto do livro propriamente dito.

E começamos, logicamente, pelo planejamento.

Mas o que é o planejamento de um livro?

Como para qualquer empreendimento,

PLANEJAMENTO É O TRABALHO DE PREPARAÇÃO DE UM ROTEIRO DE ATIVIDADES DE ACORDO COM MÉTODOS DETERMINADOS.

Ou seja, nada mais é do que o arcabouço geral, a estrutura de sustentação do nosso projeto.

No caso de um romance, podemos dizer que o planejamento é a ampliação da idéia, a determinação de vários pontos do percurso dramático, sem qualquer detalhamento, pois ele será *recheado* posteriormente pelo texto do argumento.

Porém, nós iremos um pouco além disso.

Pensaremos, por exemplo, no *público-alvo*, assunto que já abordamos algumas páginas atrás.

É nesta fase do processo de criação – a fase do planejamento – que determinamos o começo, o meio e o fim de nossa história, assim como os possíveis desvios de rota.

Exatamente. Desvios de rota também devem ser planejados.

Da mesma forma que um aviador determina, além do campo de pouso principal, vários pousos alternativos, o escritor também precisa levar em consideração que a rota preestabelecida pode sofrer alterações determinadas pelas mais variadas circunstâncias.

Assim, ele deve estar preparado para dar novo rumo à sua produção, sem que isso leve a perdas muito significativas de tempo e a angustiantes desgastes.

Contudo, também como o aviador que acaba tendo como última alternativa saltar de pára-quedas, o autor também precisa estar preparado para abandonar a aeronave. Quando uma determinada produção *não vai*, às vezes é preferível dar-lhe como destino a cesta de lixo...

Outra etapa do planejamento é determinarmos como será feita a narrativa, ou seja, como a história será contada.

Basicamente, temos duas alternativas:

* Narrador onisciente
* Protagonista-narrador

Narrador onisciente

Quando a história é narrada na terceira pessoa, ou seja, quando os personagens habitam o romance e são descritos unicamente pelo escritor, que a tudo assiste *de camarote* e que tem poder e capacidade de modificar os acontecimentos a seu bel-prazer, dizemos que o narrador é onisciente. O que é no mínimo óbvio, já que depende dele – narrador-autor – cada detalhe da história, e ele ainda se dá o direito de fazer que o leitor tome conhecimento ou não do que deve acontecer páginas à frente.

Pessoalmente, creio que seria melhor denominar esse tipo de narrador como *narrador onipotente*, uma vez que a ele tudo é permitido, ele sabe de tudo, faz o que quer.

Será? Não é bem verdade.

O narrador onisciente deve ter cuidado com a linguagem, com a estrutura do que diz, com o texto em si e com o estilo. É o autor, aquele que trabalha no que escreve e que vai ganhar ou não com o livro. E ganhar – ou perder – em todos os sentidos, seja do ponto de vista material ou simplesmente espiritual, com a sua realização individual.

Assim, ao narrador onisciente não é permitido dizer palavrões – não fica bem, não é *educado* – e tampouco é permitido usar linguagem excessivamente coloquial.

O que não implica o contrário – lembremo-nos sempre de que *in medio virtus*.

O narrador que resolver, em pleno século XXI, usar o linguajar de cem anos atrás, no mínimo será taxado de pernóstico, e isso quando não o for de ridículo. Tudo isso, por outro lado, não quer dizer que o narrador onisciente tenha de ser obrigatoriamente sério, sisudo, até mesmo mal-humorado. Ele pode ser jocoso, cheio de bom humor e de tiradas engraçadas. O autor deve ter sempre em mente que o narrador onisciente pode e deve *entrar* no pensamento dos personagens, mas quando isso acontecer e houver a necessidade de expor um pensamento de alguém, este deve vir ou entre aspas ou em itálico, mostrando que não se trata de diálogo ou de continuação da narrativa. Além disso, em se tratando de um romance *sério*, o autor, quando narrador onisciente, deve evitar as falas diretas com o leitor. Isso somente é permitido quando o tema ou a forma narrativa tender de alguma maneira para o jocoso ou humorístico.

Protagonista-narrador

O protagonista-narrador surge quando o autor escreve na primeira pessoa do singular, pondo-se como protagonista do percurso de ação dramática. Há quem diga que é o modo mais difícil de escrever, pois praticamente elimina a possibilidade de cortes e da utilização do recurso de *flashback*, o que acaba obrigando o romance, quase sempre, a ter uma narrativa bastante linear.

O protagonista-narrador é limitado pela própria lógica: ele não pode invadir o pensamento dos outros personagens, não pode narrar o que não está vendo, não pode adivinhar e não pode controlar a ação dramática como o faz o narrador onisciente. Mas as dificuldades de execução são compensadas, uma vez que o romance, quando narrado na primeira pessoa do singular, tem muito mais oportunidades para tiradas de humor e trechos engraçados. Além disso, o leitor se identifica muito mais facilmente com o protagonista-narrador, o que é ótimo.

Também é nesta fase de nossa caminhada que decidimos *quando* e *onde* nossa história acontece. A isso, chamamos de caracterização de tempo e espaço.

Isso é alcançado por meio de:

- Temporalidade
- Ambientação

Temporalidade

> TEMPORALIDADE É O CONJUNTO DE INFORMAÇÕES, DIRETAS OU NÃO, PORÉM SEMPRE CLARAS, DA LOCALIZAÇÃO NO TEMPO E NO ESPAÇO DO PERCURSO DA AÇÃO DRAMÁTICA.

Não devemos confundir a temporalidade com simples datas. Ela dá, isso sim, a exata noção da totalidade de tempo abrangida pela história. Como se pode muito bem perceber, não há a necessidade de datas históricas precisas. É preciso apenas que o percurso da ação dramática esteja convenientemente — e claramente — localizado na dimensão tempo: durante a Segunda Guerra Mundial, na época dos Faraós, durante o Império Inca, e assim por diante.

A forma que o autor usará para determinar esses períodos históricos não importa. Ele pode usar desde armas da época até vestimentas ou meios de locomoção. O que interessa é que o leitor tenha a exata noção de quando a ação está se desenvolvendo.

A temporalidade pode ser contínua ou descontínua.

Quando contínua, leva obrigatoriamente a histórias de narrativa linear, pois o autor se obriga a respeitar a normalidade cronológica; na descontínua, essa normalidade é, de alguma forma, violada. A simples utilização de um *flashback* já caracteriza uma narrativa de tempo descontínuo.

Ao tratarmos da temporalidade de uma ação dramática, ressaltamos, mais uma vez, a importância da pesquisa. O autor não pode cair no erro de localizar seu romance na década de 1950 e deixar que a namorada de seu protagonista apareça vestida num biquíni de *lycra*.

Falamos, logo acima, de *flashback*. Convém explicar um pouco...

No desenvolvimento da ação dramática, podemos — e muitas vezes somos obrigados — a lançar mão de artifícios que visam prender a atenção do leitor, causar uma certa surpresa e *explicar* acontecimentos já ocorridos ou que ainda virão a ocorrer. Um desses truques é o *flashback*, que nada mais é do que uma *chamada do passado*, utilizado principalmente em relação ao protagonista, ao antagonista ou a alguns dos coadjuvantes. Não há razão para se utilizar esse recurso com personagens sem relevância no texto. Devemos ter sempre em mente que o *flashback* é um recurso cujo uso em excesso pode fazer o leitor perder o interesse no texto por causa de um *maior esforço mental* a que é obrigado (ele tem de *sair* de uma seqüência de fatos para *entrar* em outra a cada *flashback*, e isso pode levar muito facilmente à fadiga). Além disso, sua utilização demasiada pode tornar o texto confuso e atrapalhar seriamente o percurso da ação dramática.

> *FLASHBACK* É UM RETORNO NO TEMPO, MARCADO NO PERCURSO DA AÇÃO DRAMÁTICA POR ALGUM EVENTO QUE LEVE O PROTAGONISTA OU PERSONAGEM PARA O PASSADO, SEM MODIFICAR O DESENVOLVIMENTO BÁSICO DA AÇÃO.

Há uma grande diferença entre *flashback* e *backward motion*, que é simplesmente andar do fim para o começo no *plot*.

Mencionamos um outro termo, *backward motion*, e é preciso dizer de que se trata.

Como num filme que vise grande vendagem de bilheteria, num romance que pretenda ser um *best-seller* e não apenas uma obra *para a posteridade* ou para a *academia*, o leitor não deve precisar *pensar* para *enxergar* a cena, que deve ser posta diante de seus *olhos da imaginação* de forma perfeitamente clara e explícita. O mesmo tem de ser dito sobre a seqüência de cenas. Nada pode vir a causar confusão na cabeça do leitor, sob pena de ele fechar o livro *e atirá-lo pela janela do coletivo*, como muito bem falava nosso grande mestre Stanislaw.

Por outro lado, essa dita seqüência de cenas precisa ser apresentada ao leitor de uma maneira no mínimo atraente, que o *empurre* para a frente página após página, capítulo após capítulo, sem que haja motivos para cair na tentação de ler antes o fim do livro.

Talvez justamente esse seja o melhor argumento para que o autor inicie sua história pelo fim. Para impedir, já de início, que o leitor vá para a última página e estrague tudo.

> O PROCESSO DE ESCREVER A HISTÓRIA PARTINDO-SE DO FIM CHAMA-SE *BACKWARD* MOTION E O MÉTODO OPOSTO, O QUE VAI DO COMEÇO PARA O FINAL, É O *FORWARD MOTION*.

Na realidade, é sempre muito mais conveniente partir do final para o começo, pois assim o autor terá desde o início a idéia exata de onde ele terá de chegar com a sua história. Ciente do final, ele terá apenas de *montar* os episódios de modo a *casar* todos eles coerentemente. Isso, sem contar que a possibilidade de surpresa fica bem maior, pois o leitor ficará mais curioso para saber de onde o autor tirou tal ou qual evento.

Entre as desvantagens de utilizar o método *forward*, há o risco da história se tornar excessivamente linear e, além disso, do autor se ver obrigado a *inventar* soluções para situações criadas sem que ele mesmo saiba como sair delas.

Em outras palavras: no método *forward*, o autor por definição não sabe onde vai chegar; o destino será conseqüência da ação.

É certo que na vida real as coisas acontecem exatamente assim. Porém, transpô-las para um romance requer e permite alguns truques. Um deles é justamente o fato de o autor ser o narrador onisciente e onipotente e, portanto, poder fazer o que bem quiser com a cronologia da história que vai para o papel. Porém, não é permitido mudar a cronologia natural, muito menos alterar datas à vontade do escritor ou do protagonista. A dimensão *tempo* precisa ser respeitada. Apenas a descrição dos acontecimentos durante um determinado espaço de tempo pode ser alterada — quando o autor traz como primeira narrativa algo que aconteceu há muito tempo ou algo que, a partir do verdadeiro início da história, ainda não tenha de fato ocorrido. É exatamente o que se fala a respeito de iniciar pelo fim. Depois, se o autor vai ou não utilizar essa mesma ordem de escrita, não interessa.

Ambientação

É onde ocorre a ação dramática, o espaço geográfico em que tudo acontece.

A ambientação deve sempre estar bem definida para que o leitor possa se situar e melhor visualizar a história.

Mais uma vez, ressaltamos a importância da pesquisa e a obrigatoriedade de o autor ter em mente que pelo menos um de seus leitores pode conhecer profundamente o local escolhido para o desenvolvimento da história. E seria ridículo, por exemplo, tentar localizar a ação dramática em Paris e descrever a cidade de Londres... Um erro geográfico desse porte é imperdoável.

Porém, nada impede que o autor decida *inventar* uma cidade ou mesmo um país.

Nesse caso, quando se trata de locais fictícios, é imprescindível uma boa descrição para que o leitor possa estabelecer parâmetros de comparação com locais que ele conheça. Dessa forma, ele poderá se identificar e se *enxergar* dentro de um local que, até então, só existia na imaginação do escritor, mas que a partir do momento em que houve a leitura, passou a existir também na mente do leitor.

ANÁLISE E SÍNTESE

Durante todo esse processo de planejamento, estiveram funcionando no intrincado complexo neuronal que constitui o cérebro do autor dois outros processos cujos objetivos são convergentes: interpretar os dados coletados e aproveitar o que é bom, eliminando o que não serve.

Esses processos são a *análise* e a *síntese*.

O primeiro toma todos os dados coletados e os transforma em informações; ou seja, de toda a massa de elementos estruturados, desestruturados ou aparentemente incoerentes, chega-se a alguma coisa mais digerível e administrável, que constitui a informação.

Vale lembrar que todo assunto, por mais complexo que pareça, não passa de um amontoado de fatos e coisas simples; assim, se o desmembrarmos no maior número possível de etapas, e as dominarmos uma a uma, passo a passo, o complexo ficará simples.

Pois é desse conjunto complexo que o autor conseguirá extrair os *ingredientes* para compor sua obra e fazer que ela seja coerente e de fácil entendimento pelo leitor.

O mecanismo que subconscientemente é usado para atingir esse objetivo está na própria definição de análise.

> ANÁLISE É A DECOMPOSIÇÃO DE UM TODO EM SUAS PARTES CONSTITUINTES, SEGUNDO UM EXAME MINUCIOSO DE CADA PARTE, PARA CONHECÊ-LO DE MANEIRA ABSOLUTAMENTE COMPLETA.

Já a síntese é o processo inverso:

> SÍNTESE É A OPERAÇÃO MENTAL QUE PROCEDE DO SIMPLES PARA O COMPLEXO, ELIMINANDO TUDO QUE NÃO INTERESSA.

É por meio da síntese que o autor tem condições de, finalmente, saber o que e como vai escrever a sua história.

Por fim, com o planejamento montado, finalmente podemos seguir adiante.

8. O conflito

Como já mencionamos antes, conflito, em qualquer espécie de dramaturgia, não tem o significado que habitualmente damos a essa palavra, de discordância ou disputa. Para nós, conflito terá sempre o significado de *conflito dramático*, o foco principal da ação dramática, o elemento que determina e gera toda a função e dá razão de ser à complexa interação de informações que tanto podem estar no nível consciente quanto no inconsciente.

Assim, conflito é a base da história, o alicerce principal do drama. Sem conflito não há drama e sem drama não existe a história.

> CONFLITO É A CONFRONTAÇÃO DOS PERSONAGENS COM FORÇAS INTRÍNSECAS E EXTRÍNSECAS A ELES, INCLUINDO-SE NESTAS O AMBIENTE EM QUE ESTÃO VIVENDO.

De uma forma simplista, podemos considerar a existência de três tipos de conflitos dramáticos:

- *Conflitos inter-humanos* – Os personagens são obrigados a se confrontar com outra ou outras pessoas. Exemplo: *Romeu e Julieta*, em que os protagonistas têm de enfrentar as próprias famílias.

- *Conflitos entre homem e natureza* – Os personagens têm de enfrentar fenômenos naturais, como tempestades, terremotos, o mar, os incêndios. Exemplo: *O velho e o mar*.
- *Conflitos pessoais* – O protagonista e/ou personagens têm de enfrentar a si mesmos, seus dramas, seus fantasmas. É o caso de *O encontro marcado*, de Fernando Sabino.

Todo romance deve se lastrear em três pontos:

- Apresentação do conflito
- Desenvolvimento do conflito
- Solução do conflito

APRESENTAÇÃO DO CONFLITO

O ser humano evolui à custa dos conflitos que lhe são sugeridos, dos dramas que lhe são impostos e das soluções que encontra para resolvê-los.

Conflito implica dualidade, e a vida está repleta delas – portanto, repleta de conflitos. Dessa premissa decorre que os caminhos do homem são sempre conflituosos, obrigando-o a uma opção. Essa opção é o início do desenvolvimento do conflito apresentado, e o final, o alcançar ou não um determinado objetivo, é a sua solução.

O autor, de posse do tema, certamente já terá conhecimento do conflito que deverá apresentar aos personagens de seu romance. Essa apresentação pode ser feita diretamente – às claras – ou pode ser intuída, ou seja, não ser dita nem mencionada, apenas mostrada em metáforas ou situações que levem o leitor a perceber o conflito.

Já dissemos que a história deve ser o mais verossímil possível, e isso significa que ela deve ser um *espelho da vida real*.

Ainda que o tema seja absolutamente fantástico, o *drama* em si deve refletir situações humanas comuns, possíveis de acontecer, e, obviamente, o desenvolvimento da história deve levar a soluções lógicas.

O protagonista e os personagens de nossa história, uma vez humanos, também precisam passar por conflitos e solucioná-los, para que tudo tenha nexo, verossimilhança e, o que é mais importante, seja compreendido e aceito pelo leitor.

Ao escrevermos um romance, devemos considerar o *conflito* como a confrontação dos personagens com forças intrínsecas e extrínsecas a eles, bem como ao ambiente em que estão vivendo.

Do desenvolvimento e solução desse confronto depende não apenas o sucesso da obra, mas principalmente sua *qualidade literária*, deixando-se de lado, no nosso caso, o item *erudição*.

Tudo isso nós já vimos, páginas atrás.

Contudo, há ainda alguns pontos a ponderar...

Na *montagem* do conflito para a sua apresentação no âmago da história, podemos nos valer de três perguntas cujas respostas serão de grande valia para o desenvolvimento do romance. Note-se que essas perguntas deverão ser feitas a nós mesmos e, evidentemente, respondidas com total sinceridade e absoluto conhecimento.

São elas:

- Qual é o conflito principal da história?
- Em que momento ele é apresentado ao leitor?
- Qual é a sua importância para o protagonista e para a história em si?

Lembraremos aqui que o conflito não precisa ser apresentado ao leitor logo no início do livro – ao contrário. Deixar para um pouco mais tarde essa apresentação pode criar um clima de suspense muito bom. Porém, é indispensável que o conflito tenha, de fato, importância para a história em si, e principalmente para o personagem.

Seria um desastre, por exemplo, colocarmos, numa história de guerra, um conflito de âmbito financeiro do protagonista, como vender ou não uma propriedade num lugar qualquer que nada tenha a ver com a guerra ou com as conseqüências dela...

O conflito ou conflitos a serem apresentados devem ter importância básica e explícita. Além disso, eles devem ser absolutamente pertinentes à história e à personalidade do personagem.

Nesse ponto do processo de criação, quando já sabemos qual o conflito ou conflitos a serem enfrentados, vamos avaliar suas *qualidades*. Fundamentalmente, o conflito deve apresentar três qualidades:

- Motivação
- Correspondência
- Ponto de identificação

Motivação

A motivação nada mais é do que a *justificativa do conflito*.

Tanto o conflito principal como todos os outros, secundários, têm de ter uma razão de existência, e essa razão precisa ser suficientemente convincente para fazer o leitor *admitir a validade do conflito*.

Ou seja: o leitor precisa compreender uma determinada situação da história como grave o bastante para gerar um conflito. No exemplo citado há pouco, vender ou não uma propriedade em pleno tempo de guerra não é motivo bastante para gerar um conflito que justifique a existência dessa mesma história. Uma guerra gera conflitos mais sérios...

Correspondência

A correspondência é a relação de cumplicidade criada entre o personagem, seu conflito e o leitor.

Assim, quando da estruturação da história e da construção do personagem, o autor deve apresentar o conflito e fazer o leitor se identificar plenamente não só com a situação que foi criada como também com pelo menos um dos personagens da história – de preferência o protagonista.

Ponto de identificação

O *ponto de identificação* é, na realidade, o somatório das duas outras qualidades aqui referidas. Assim, concluímos que, no conflito apresentado, havendo boa *motivação* e boa *correspondência*, certamente haverá um excelente *ponto de identificação*.

Toda e qualquer história, para que venha a ser um *sucesso*, precisa ter um ou vários pontos de identificação com o leitor.

Ou seja: o leitor precisa *entrar* dentro da história e *vivê-la* integralmente, identificando-se, como já disse, com a situação em que tudo se passa. Assim, o conflito apresentado *poderá ser de qualquer um* e, mais especificamente, *será* daquele que estiver lendo a obra.

Em resumo, o *ponto de identificação* é aquele instante em que o leitor realmente se emociona com a história e se vê transportado para a essência do livro.

Por isso, podemos dizer que:

> QUALIDADE DE UM CONFLITO É O CONJUNTO DE FATORES QUE LEVAM O LEITOR A, DE FATO E SINCERAMENTE, SE ENVOLVER COM A HISTÓRIA.

DESENVOLVIMENTO DO CONFLITO

É o percurso da ação dramática, a atuação do protagonista e dos demais personagens, vivenciando as situações geradas pelo conflito apresentado.

SOLUÇÃO DO CONFLITO

É o porto de chegada, o resultado do percurso da ação dramática, da ação do protagonista e dos personagens. A boa solução de um conflito depende intrinsecamente da boa apresentação desse conflito, de seu desenvolvimento coerente, da boa estruturação dos personagens e do texto.

9. Os gêneros narrativos

Dos quatro gêneros literários definidos por Aristóteles – épico, narrativo, lírico e dramático – vamos nos aprofundar naquele que nos interessa mais: o gênero narrativo.

Do ponto de vista do escritor, na realidade, os quatro gêneros têm em comum o fato de *contarem* uma história. Assim, não deixam de ser, todos eles, *narrativas*.

Senão, vejamos:

- *Gênero épico* – Narrativa de fundo histórico. Conta a história de um povo, de um herói. Sempre no passado, e muito freqüentemente na forma de versos (poesia épica).
- *Gênero narrativo* – É o gênero do verdadeiro *contador de histórias*.
- *Gênero lírico* – É o universo da poesia. Preocupa-se com o mundo interior do poeta, refletindo-o para o exterior por meio da palavra (escrita ou falada).
- *Gênero dramático* – É o universo da arte cênica. Constituído pelos textos escritos para serem transformados em peças de teatro.

O gênero narrativo – o que nos interessa, posto sermos *contadores de histórias* – é aquele que efetivamente *narra* um fato, um episódio, fazendo uso de várias linguagens, que podem ser:

- Verbal – Utiliza a palavra escrita ou oral
- Gestual – Comunica por meio dos gestos
- Visual – Comunica por meio de imagens

Esse gênero literário obriga a existência de personagens, temporalidade, conflito, clímax e conclusão (solução do conflito).

Muitos estudiosos classificam as manifestações narrativas, de acordo com a estrutura do texto e seu tamanho, em:

- Conto
- Novela
- Romance

O gênero narrativo caracteriza-se (e isso vale para qualquer uma das três categorias acima) por representar a vida comum, observada pelo prisma particular do autor, o que confere ao texto um caráter individualizado e muitas vezes introspectivo. Esse gênero desenvolveu-se extraordinariamente em forma, conteúdo e estilo a partir do século XVIII. Hoje em dia, os textos narrativos constituem, em sua imensa maioria, o que se convencionou denominar de obras de ficção.

CONTO

Narrativa breve e simples, com foco em apenas um episódio da vida (portanto apenas um *plot*). Um bom e bem estruturado conto possui a capacidade de condensar e potenciar em seu pequeno espaço todas as possibilidades da ficção.

NOVELA

No que pese muitos afirmarem que a diferença principal entre novela e romance está simplesmente no tamanho da obra – a novela é menor do que o romance –, pedimos aqui licença aos mestres da técnica e teoria literárias para dizer que a novela:

- Habitualmente valoriza apenas um evento;
- Tem temporalidade mais estreita (o pedaço de vida narrado é mais limitado);
- Apresenta o fluxo do tempo mais veloz;
- Conta quase sempre com *narrador onisciente* de um fato bem definido e localizado no passado.

ROMANCE

> ROMANCE É A MANIFESTAÇÃO NARRATIVA DE UM EVENTO IMAGINÁRIO, PORÉM POSSÍVEL E VEROSSÍMIL, REPRESENTANDO UM OU MAIS ASPECTOS DO COTIDIANO SOCIAL E FAMILIAR DO HOMEM.

Ele abrange um período histórico – do indivíduo ou de uma comunidade – mais amplo do que o faz a novela. Além disso, os eventos e personagens são apresentados de forma mais densa e complexa, com suas estruturas bem delineadas.

10. Montando o projeto literário

Engana-se quem imagina que, uma vez feito o planejamento do livro, poderá sentar-se diante do computador, arregaçar as mangas e começar a escrever o texto.

Para sua infelicidade, muito depressa perceberá que lhe falta uma etapa de importância crucial: o projeto literário.

> PROJETO LITERÁRIO É A APRESENTAÇÃO DA IDÉIA GLOBAL DO LIVRO, DESENVOLVENDO-A ATÉ O ARGUMENTO E COM A CARACTERIZAÇÃO DOS PRINCIPAIS PERSONAGENS.

Em primeiro lugar, o projeto literário serve como guia ou como orientação básica para o autor, ajudando-o a não fugir demais da idéia inicial que gerou a criação do romance.

Serve, também, para ser mostrado ao editor de modo a lhe dar uma idéia de como será o livro e do que se espera com ele.

É importante salientar que projeto não é sinopse, é apenas um guia.

Contudo, como nele deve estar presente a caracterização de lugares e de personagens – com seus nomes e perfis psicológicos –, o projeto serve para impedir perda de tempo procurando as características de alguém que surgiu no começo do livro e volta capítulos mais tarde, por exemplo.

Além disso, a elaboração do perfil de cada personagem, assim como dos principais pontos de sua participação na história, ajuda a solidificar cada um deles. Isso impede que um personagem qualquer — e não obrigatoriamente o protagonista — venha a, de um momento para o outro, *assumir o controle da situação*, adquirindo personalidade própria, independência absoluta e fazendo o que bem entender, escapando completamente das rédeas do autor.

Portanto, ao começar a escrever o texto, o projeto literário deve estar pronto e sempre à mão, pois é uma ferramenta valiosíssima para o autor — independentemente de sua experiência como escritor.

Como deixei entender acima, existe certa confusão entre *projeto literário* e *sinopse*. Muitas vezes, quando um editor pede uma sinopse do livro, o autor lhe envia o projeto literário, e vice-versa.

Na verdade, a sinopse faz parte do projeto — é um dos seus itens —, e trata apenas do desenvolvimento sumário do *storyline*. Já o projeto é um verdadeiro *passeio* pela idéia do autor, esmiuçando o que é necessário para a sua compreensão e fornecendo uma idéia bastante precisa de como o livro — pronto e acabado — deverá ser.

SINOPSE É UM RESUMO DO QUE ACONTECE NA HISTÓRIA, PERMITINDO QUE SE CONSIGA TER UMA BOA E RÁPIDA NOÇÃO DO QUE SERÁ O ROMANCE, RELACIONANDO FATOS A PERSONAGENS E A LUGARES. ELA LEVA À DECISÃO DE LER OU NÃO O TEXTO INTEGRAL.

A sinopse não deve ter mais do que uma ou duas laudas, justamente para permitir uma leitura rápida.

A mesma confusão entre sinopse e projeto literário aparece com freqüência entre sinopse e *argumento*.

> ARGUMENTO É A JUSTIFICATIVA DA EXISTÊNCIA DA HISTÓRIA,
> A PLATAFORMA MAIS AMPLA DA IDÉIA, APRESENTADA COMO UM
> RESUMO MAIS DETALHADO DO TEXTO INTEGRAL, JÁ RELACIONANDO
> O *PLOT* PRINCIPAL COM OS *UNDERPLOTS* E EVIDENCIANDO BEM
> O(S) CONFLITO(S) QUE GERA(M) O ROMANCE.

Assim, podemos dizer que a sinopse tem o pré-desenvolvimento de como tudo aconteceu, e o argumento acrescenta o porquê.

Por isso mesmo, ao argumento é permitido um *vôo* mais longo, ou seja, que ele tenha até quinze páginas – em oposição às duas laudas máximas da sinopse.

Tanto na sinopse como no argumento, o tempo verbal é o presente. Isso porque o texto de ambos é o que ocorre na mente do autor naquele instante. Ele não está narrando nada, está apresentando uma idéia – por isso o presente, e sempre na terceira pessoa do singular, como narrador onisciente. Isso é óbvio: o autor está *relatando* as idéias que lhe passam pela cabeça.

ESQUEMA PARA PROJETO LITERÁRIO

Há muitas formas – e até formulários – para apresentar um projeto literário. Algumas, por exemplo, que se destinam a conseguir aprovação para os benefícios das leis de incentivo cultural, esmiúçam tudo, até mesmo a quantidade de clipes para papel utilizada no trabalho.

Este não é o nosso caso: queremos apenas escrever um *thriller*, e sabemos que precisamos de um guia para impedir que saiamos demais dos trilhos teoricamente impostos por nossa própria idéia. Além disso, temos consciência de que necessitamos de um material de boa qualidade para ser apresentado a um editor.

Portanto, é inegável a utilidade – e mesmo a necessidade – de executar um projeto literário e, evidentemente, de procurar segui-lo o mais proximamente possível. Caso durante o vôo surgirem imperativos de mudanças de rota ou de um ou mais pousos alternativos, essas alterações também deverão ser feitas no corpo do projeto.

Exatamente como num plano de vôo.

O esquema ilustrado adiante vem sendo usado por mim no correr desses vinte anos como escritor, e tem sido, no mínimo, suficiente e eficiente para satisfazer as minhas necessidades.

Nos capítulos subseqüentes, tentarei explicá-lo, item por item, etapa por etapa; no final deste livro, apresento um projeto literário completo.

Projeto
(Título provisório)

(Nome do autor)

(Informações de registro em Cartório de Registro de Títulos e Documentos ou na Biblioteca Nacional)

Título *(provisório)*

Objetivo

Formato e dimensão

Temática *(Tema abordando....)*

Público-alvo

Timing

Direitos autorais

Storyline

Sinopse

Argumento

Temporalidade

Ambientação

Principais personagens

***Plot* principal**

Underplots

EXPLICANDO O PROJETO

A primeira página do projeto literário, que eu denomino aqui de *base do projeto*, tem por objetivo chamar a atenção do editor para o livro em si e deixá-lo interessado pela idéia. Ao mesmo tempo, essa parte visa despertar sua *curiosidade*, pois é justamente a curiosidade do editor que poderá levá-lo a ler o projeto até o final e, gostando do material, publicar o romance.

Assim, veremos, item por item, como podemos *alisar a fera* e, *dourando nossa pílula*, fazer o livro sair do sonho para a realidade das prateleiras das livrarias.

Título

Sem a menor sombra de dúvida, a escolha do título é uma das fases mais importantes do projeto.

É tão importante que é muito raro *batizar-se* de forma definitiva uma obra ainda em fase de execução, preferindo-se sempre um *título provisório*. Muito freqüentemente o editor, por ser mais experiente e por possuir um *espírito comercial* mais acurado do que o autor, reserva para si o direito de dar o título definitivo ao livro. Isso depois da obra pronta!

De qualquer modo, ainda que saibamos que o editor poderá alterá-lo a seu bel-prazer, é necessário que o livro tenha um título no momento em que entregamos o projeto para avaliação e julgamento.

Esse título deverá ser o mais sucinto possível – o que quer dizer, *ter o menor número possível de palavras* – e suficientemente explícito para que, ao lê-lo, possamos ter uma idéia do que contém o livro.

É óbvio que há muitos títulos – e excelentes – que são enormes: *Enterrem meu coração na curva do rio*, *Na margem do rio Piedra eu sentei e chorei*, *Como era verde o meu vale*, *Gata em teto de zinco quente*, e muitos outros.

Contudo, é importante lembrar alguns pequenos detalhes que poderão facilitar a venda de sua obra, mesmo porque facilitam a memorização de seu título.

Em primeiro lugar, é preciso levar em conta a famosa *lei do menor esforço*. Um vendedor de livraria jamais vai pedir ao estoque, pelo telefone ou pelo interfone, que lhe mandem um exemplar do *Na margem do rio Piedra eu sentei e chorei*. Ele dirá apenas que deseja um exemplar de *Rio Piedra*, ou de *Enterrem meu coração*...

Além disso, como já dissemos anteriormente, está provado que o olho humano é capaz de registrar e interpretar no máximo dezesseis símbolos de uma só vez, o que quer dizer que, *sem precisar fazer o esforço de ler*, uma pessoa normal é capaz de identificar, apenas olhando, um título de no máximo dezesseis letras. E, segundo os estudiosos do assunto, o ideal é que a palavra ou conjunto de palavras tenha no máximo onze letras. Assim, é preferível não *estourar* esses limites.

O título de uma obra, apesar de ter a obrigação de ser explícito – ou no mínimo subliminarmente explícito –, não deve *contar* a história. O título precisa, ao contrário, gerar suspense e curiosidade, induzindo o leitor a comprar e ler o livro.

E quando lemos uma obra cujo título nada tem a ver com o seu conteúdo?

Antes de crucificar o autor, devemos lembrar que, se para nós leitores o título estava extemporâneo, extravagante e impertinente, para o autor e/ou editor talvez não estivesse. Pode ser que alguma coisa daquele título estivesse até mesmo no subconsciente de quem escreveu a obra – ou de quem resolveu publicá-la.

Ele foi infeliz na escolha do título?

Pode ser. Mas isso não tira o valor do conteúdo do livro.

Pode, isso sim, dificultar sua venda.

Há diversos autores que insistem que os títulos devem ser formados por uma única palavra: *Aeroporto*, *Dinheiro*, *M-20* e muitos outros. Também há aqueles que preferem usar um substantivo precedido do artigo: *O Aleph*, *O albatroz*, *O ascendente*, *O alquimista*...

Existem, ainda, autores que utilizam uma frase qualquer de seu texto, frase esta que pode ou não resumir *o espírito do livro*: *Ainda estamos vivos*, *Sempre há esperança*, *O nome não importa* etc.

No fundo, a escolha do título não deixa de ser uma questão de gosto e... de concessão do editor.

É claro que existem títulos que nos levam a perguntar como e por que o autor decidiu *batizar* sua obra dessa maneira.

Há até uma velha história em que um escritor famoso vai a um barbeiro que o reconhece e, ao terminar o seu trabalho, conta-lhe que havia escrito um livro e que estava com dificuldades para encontrar um bom título. O escritor, já aborrecido com a parlapatice do barbeiro, indaga:

— Seu livro fala de tambores?
— Não, senhor — responde o barbeiro, surpreso com a pergunta.
— Fala de cornetas? — insiste o escritor.

Um pouco sem jeito, o barbeiro responde que não, o livro dele nada tinha que ver com cornetas.

— Pois então você já tem o título — disse o escritor, pondo-se de pé — E um bom título: *Nem tambores, nem cornetas*!

Objetivo

É verdade que muita gente escreve livros à toa...

E entenda-se esse *à toa* tanto como diletantismo quanto como... perda de tempo.

Um livro — seja um romance, uma novela, um roteiro para o cinema ou para a televisão — é um trabalho árduo e difícil, como já dissemos. Portanto, jamais deve ser feito *à toa*.

Não trataremos aqui dos objetivos *essenciais* do livro a ser publicado, ou seja, o que o autor pretende demonstrar em sua obra. Não vamos nos importar, neste item, se o escritor está querendo chamar a atenção do público para este ou aquele problema social, para este ou aquele escândalo político ou qualquer outro fato histórico que esteja acontecendo e que, no seu entender, mereça ser levado ao conhecimento público.

Estamos falando do *projeto literário*.

A apresentação do projeto de um livro tem um único objetivo: publicá-lo.

Assim, no item *objetivo*, devemos dizer apenas o que se pretende produzir. Um romance, um *thriller*, uma novela etc.

Devemos lembrar que o editor que deverá analisar, apreciar e julgar seu projeto normalmente é uma pessoa extremamente ocupada e que, pelo menos *a priori*, dispensará explicações muito detalhadas quanto aos *objetivos essenciais* referidos há pouco – pois estes surgirão no corpo do argumento, ainda que de maneira apenas subliminar. É de supor que o editor tenha treino e capacidade suficientes para *perceber* o que o autor está querendo dizer na *essência* de sua obra.

Formato e dimensões do livro

Este é um dos pontos polêmicos na apresentação do projeto literário.

A maioria absoluta dos editores faz questão fechada de escolher o formato e as dimensões dos livros que vão publicar, independentemente do que possa pensar o autor.

Na minha opinião, nem tanto ao céu, nem tanto à terra...

Creio que o ideal é o consenso: deve-se chegar a um ponto de equilíbrio que satisfaça ambas as partes.

Pessoalmente, gosto de sugerir – vejam bem, eu falei *sugerir* e não *exigir* – o formato e as dimensões dos livros que escrevo, incluindo até mesmo a tipologia e o corpo das letras.

Por exemplo, escolhe-se o tamanho 16 cm x 23 cm, fonte Times New Roman em tamanho 13, preenchendo 480 páginas de miolo em papel pólen rustic 80.

Já sei que me perguntarão como é que eu posso delimitar desse jeito e com tanta precisão o número de páginas que pretendo dar ao livro.

Bem... Este é um dos pontos em que sou obrigado a dizer que essa técnica é fruto única e exclusivamente de treino.

Outro ponto de atrito, ainda neste item, é a capa.

Normalmente, o editor faz questão de escolher a capa; e, infelizmente, muitas vezes ela não satisfaz o escritor.

Também no que diz respeito à capa, eu tenho *batido o pé* e acabo participando da escolha ou da criação desse elemento tão importante.

Atualmente, tenho insistido que as capas de livros de ficção sejam montagens fotográficas sobre quadros ou pinturas que tanto podem ser abstratas quanto figurativas, impressionistas ou expressionistas. O que é extremamente importante é que a capa seja chamativa sem ser *cafona*, *apelativa* ou *indecente*.

Lamentavelmente, em uma tendência quase mundial, hoje se compra o livro pela capa – especialmente quando se trata de um livro de ficção. Por isso, as capas precisam estar íntima e explicitamente relacionadas com o texto: se este versar sobre sexo, precisa ter uma capa sensual; um texto que fale sobre violência, precisa ter uma capa forte, violenta.

Porém, nada que dê a impressão que *se torcer sai sangue...*

Temática

Neste item, explica-se com o menor número possível de palavras o tema e o assunto principal a serem abordados no livro, bem como os demais assuntos secundários e, portanto, menos importantes.

Assim, se o romance falar sobre a perseguição e a captura de um político que fugiu com uma mala de dinheiro, fruto de fraudes, desfalques e falcatruas, o livro será um romance político-policial, abordando a corrupção do meio político e o trabalho da Polícia Federal em sua perseguição e captura.

Se há passagens por outras *classes* de romances e o texto abordar outros temas, isso tudo deve ser explicado, sempre do modo mais sucinto possível.

No caso do exemplo que figura no fim deste livro, *Fraude verde*, o tema do romance é político-policial, com incursões na linha de misticismo. Trata-se de uma história de paixão tórrida que aborda a fraude das reflorestadoras e a corrupção nesse meio, relacionando-o com a influência de políticos e a espiritualidade dos ciganos.

Público-alvo

Como já dissemos anteriormente, é mais do que evidente que, quando escrevemos um livro, precisamos ter em mente qual é o tipo de leitor que pretendemos alcançar. A definição do público-alvo é muito importante tanto para o autor – que dará este ou aquele cunho ao seu texto – quanto para o editor, que, com base nessa informação, terá condições de definir o formato, a capa, a tiragem da primeira edição e a distribuição da obra.

No projeto, a apresentação do público-alvo para o editor também deve ser sucinta e objetiva, sem a tentativa de justificar o porquê desta ou daquela escolha – uma vez que o próprio editor tem, mais do que ninguém, condições de julgar se determinada população escolhida como *target* realmente poderá se impressionar e se interessar pela obra.

No caso do nosso exemplo, limitei-me a dizer que o público-alvo pretendido é o público leitor brasileiro de modo geral, especialmente a fatia que aprecia histórias que mesclam ação, sexo, violência, suspense, misticismo e escândalos político-financeiros.

Timing

É a idéia que o autor faz da época em que deverá ser lançado o seu livro.

Mais uma vez, normalmente o editor se reserva o direito de determinar *quando* um determinado livro poderá ou deverá ser lançado, usando como principal base para essa escolha a demanda do mercado. Porém, há assuntos, mesmo para ficções, cujo *timing* é ditado por algum acontecimento de importância que esteja ocupando espaço significativo na mídia, e que, portanto, podem ser *alavancados* automaticamente, despertando a atenção e o interesse do público de forma imediata.

Como exemplo, tomo a liberdade de citar um livro escrito por mim em agosto de 1992, logo depois da fuga de Pablo Escobar. *Onde está Pablo Escobar?* vendeu maravilhosamente bem justamente pela simples razão de que seu *protagonista-fantasma* – ele mal aparece no livro – estava ocupando um espaço enorme da mídia, todos os dias.

Convém assinalar aqui que esse tipo de romance – que se aproxima muito do *minute book* dos americanos – normalmente tem vida editorial muito curta: assim que o interesse do público pelo fato gerador da idéia começa a cair, automaticamente suas vendas despencam.

Um bom exemplo é o livro *Zélia, uma paixão*, de Fernando Sabino, cujas vendas hoje são mínimas, e que, na época de seu lançamento, *estourou* espetacularmente.

Do mesmo autor – aliás, um dos *papas* da moderna literatura brasileira –, *O encontro marcado* continua vendendo até hoje, mesmo depois de várias décadas de seu lançamento.

No nosso caso, o *timing* sugerido para o *Fraude verde* seria imediato, aproveitando a *onda* causada pela invasão de uma fazenda de reflorestamento no Mato Grosso do Sul pelos sem-terra. E note que a justificativa para esse *timing* é bastante flexível, pois estão ocorrendo invasões de terra pelo MST no Mato Grosso do Sul quase mensalmente...

Direitos autorais

Chegamos a um dos pontos cruciais.

Infelizmente para aqueles que pretendem fazer da literatura seu ganha-pão, nosso país não é o lugar mais adequado.

E a culpa não é apenas de editores, de políticos que não sabem definir um plano econômico estável e eficiente...

Uma parte significativa da culpa dessa desagradável e, por vezes, insustentável situação econômica do *escritor profissional* – e entenda-se como *escritor profissional* aquele indivíduo que vive única e exclusivamente do que escreve – é dos próprios autores que, tendo outras fontes de renda e escrevendo por mero diletantismo ou vaidade pessoal, não fazem questão de lutar por seus direitos como autores que são, ou mesmo como trabalhadores que têm, como produto final, o livro, mais importante do que qualquer outra coisa na formação cultural de um povo.

Convém lembrar sempre que não estamos trabalhando por simples prazer, por amor à arte. O livro é o produto de horas e horas de esforço, sacrifício e suor, fruto de um trabalho que obviamente deverá ser remunerado.

Assim sendo, o mínimo que podemos esperar de nosso livro é que ele seja a fonte de alguma coisa material e palpável, e não apenas de realização, fama, aplausos e glória. É claro que tudo isso é muito importante, mas não enche a barriga de ninguém.

É preciso haver pagamento em espécie, uma *recompensa material* pelo trabalho executado.

Ou... a executar.

E seria justamente esta a maneira mais adequada de trabalhar como escritor: sem a preocupação de ter de encontrar editor, sem a angústia de precisar *vender* a idéia da obra, contando com o inestimável auxílio de um *agente literário*, infelizmente *avis rara* neste nosso Brasil.

AGENTE LITERÁRIO É O PROFISSIONAL QUE TRABALHA COM OS DETENTORES DOS DIREITOS AUTORAIS OU COM O PRÓPRIO AUTOR, CUIDANDO DA DIVULGAÇÃO E DOS PROCESSOS BUROCRÁTICOS DA OBRA, SENDO UM ELO ENTRE AUTORES E EDITORES.

Para publicar as obras de seus autores, o agente literário busca, para cada um, o editor que combine com ele e com o livro que escreveu. Ele negocia cláusulas, discute questões contratuais, cobra respostas, resolve impasses, fecha negócios, coordena projetos e, por este trabalho, cobra uma comissão sobre aquilo que o autor ganhar. E se este não ganhar nada, o agente também não recebe – é a regra do jogo que, diga-se de passagem, nem sempre é seguida.

Assim, meu *caminho das pedras* nesta etapa da produção de um original encontra mais um obstáculo – e dos grandes: a *execução e venda do projeto*.

Antes de mais nada, vamos deixar claro que *venda do projeto*, para mim, é a contratação da edição do livro por uma editora, com o pagamento antecipado (*advanced payment*) de pelo menos cinqüenta por cento dos direitos autorais estimados – que hoje em dia variam de 6% a 10% do preço do livro para o consumidor final.

É de supor que, de posse dessa importância, o autor tenha suficiente paz de espírito para produzir seu original com a melhor qualidade possível e, evidentemente, com a maior presteza que puder.

Porém, para isso, é fundamental que se saiba elaborar um bom *projeto literário*, bom o bastante para que se possa apresentá-lo com a certeza de que será compreendido integralmente e, o que é mais importante, bem apreciado pelo editor.

Afinal, estamos apresentando um projeto que, evidentemente, queremos que o editor leia. Ao menos, leia.

Assim, por uma questão de *diplomacia*, é melhor marcar este item – *Direitos Autorais* – com um discreto e despretensioso *a combinar*.

Com toda certeza, as negociações serão muito mais fáceis depois que o editor tiver lido o seu projeto e gostado.

Storyline

O passo seguinte na apresentação do *projeto literário* é o *storyline*.

STORYLINE É A TRANSCRIÇÃO DA SÍNTESE DA IDÉIA.

É a trama ou enredo escrito em no máximo três frases, abrangendo as três etapas principais da história – o começo, o meio e o fim.

Aqui, *começo* quer dizer *apresentação do conflito*, *meio* o *desenvolvimento do conflito* e *fim* a *solução do conflito*.

No exemplo presente no fim deste livro, o projeto do romance *Fraude verde*, o item *storyline* diz: *Um engenheiro agrônomo é contratado por uma empresa de reflorestamento e descobre que tudo não passa de um aglomerado de fraudes. O agrônomo é ameaçado de morte, mas acaba salvo pela interferência de uma dupla de advogados orientados misticamente por uma cigana a quem o engenheiro prestara socorro em certa ocasião.*

Podemos observar que os três requisitos citados há pouco estão perfeitamente preenchidos:

- O *começo* ou *apresentação do conflito*: a contratação do engenheiro agrônomo e a existência de fraudes.
- O *meio* ou *desenvolvimento do conflito*: as ameaças sofridas pelo agrônomo e a interferência da dupla de advogados orientados misticamente por uma cigana.

- O *fim* ou *solução do conflito*: o agrônomo é salvo.

Na montagem do *storyline*, deve-se lembrar que o editor, depois de ter se interessado pela primeira página, que trata basicamente das intenções e objetivos do autor, terá de se entusiasmar com sua *idéia*, ou seja, com o *storyline*.

Justamente por isso, ele precisa ser sintético, objetivo, exato. E é fundamental que desperte a curiosidade do editor para que ele se veja atraído a passar para a etapa seguinte, a *sinopse*.

Um bom *storyline* não deve ter mais do que três sentenças completas ou oito linhas. Tampouco deve explicar demais, pois já entraria no terreno da sinopse – esta sim um pouco mais longa.

Lembro que o tempo verbal é o presente do indicativo. E repito que isso se explica pelo fato de que o *storyline* é, como já dissemos, a transcrição da idéia, ou seja, *do conjunto de imagens que se formam na mente do autor e das quais algumas são filtradas na montagem do storyline*. E isso ocorre, para quem escreve, no *presente*, uma vez que a idéia está se desenvolvendo e passando para o papel ou para a tela do computador naquele instante.

Sinopse

Já falamos o bastante sobre a sinopse. Aqui, creio que basta lembrar que ela não deve ter menos de uma lauda e não pode passar de duas.

A sinopse deve conter uma visão geral de todo o livro, sendo nada mais que uma explicação um pouco mais detalhada da idéia que gerou o *storyline*.

Argumento

O *argumento* é o desenvolvimento já na forma de texto do *storyline*.

Como dissemos anteriormente, o argumento é a *justificativa da existência da história*, e por isso deve estar o mais detalhado possível –

sem, no entanto, ser excessivamente longo para que não haja o risco de se tornar maçante. Isso seria um desastre, já que o editor a quem o apresentarmos dar-lhe-á como destino a cesta de lixo...

Podemos e devemos considerar o argumento como um *bom e bem objetivo resumo da história* que pretendemos contar para *impressionar e conquistar* o editor.

Assim, ele não deve ter mais do que quinze laudas – para um romance de aproximadamente 480 páginas – e jamais ter menos de sete laudas, pois aí seria pequeno demais, resumido demais e provavelmente pouco explícito, não permitindo uma idéia de conjunto.

Na totalidade das vezes, o argumento é absolutamente fundamental para a aprovação do projeto literário, pois é ele que permite ao editor avaliar sua viabilidade. E isso sem contar que, para o próprio autor, a releitura do argumento pode possibilitar atingir *a forma ideal* de seu livro muito antes de ter todo o trabalho de escrevê-lo.

Poderíamos dizer, portanto, que o *argumento funciona como a plataforma da idéia.*

Ainda em relação ao autor, o argumento serve para que ele se auto-avalie e veja se tem mesmo fôlego para chegar ao fim do romance que pretende escrever...

Na elaboração do argumento, é imprescindível que se mostre claramente a *localização da história no tempo e no espaço*, o *percurso da ação* e *o perfil do protagonista.*

Temporalidade

A localização da história no tempo, também chamada de *temporalidade*, tem por função exatamente o que o nome diz: explicitar a idéia de quando a história se passa.

É preciso reforçar que localizar no tempo não significa dizer apenas quando a história começa ou termina, e sim *mostrar nitidamente e de forma absolutamente compreensível a totalidade de tempo abrangida pela história.* Assim, por exemplo, a história tem início no ano tal e termina tanto tempo depois.

Note-se, no entanto, que essa noção de tempo pode não ser dada por meio de datas precisas. O autor tem toda a liberdade de localizar sua história no tempo usando meios indiretos, como situações políticas de um determinado país, acontecimentos mundiais de conhecimento da maioria das pessoas e que ocorreram *imediatamente antes*, *durante* ou *imediatamente após* a história. Ou ainda fazendo uso de descrições de vestimentas, armas, aparelhos, carros, aviões e outras tantas coisas que possam caracterizar uma determinada época. O importante é que o leitor tenha uma noção perfeita de quando é que acontece toda a história.

Como sempre, há exceções; o autor pode querer deixar o leitor em total e absoluto suspense, sem saber o *quando*. Isso é muito freqüente em livros de ficção científica, mas, pessoalmente, não acho uma boa forma de desenvolver um romance.

A noção de tempo pode ser *contínua*, quando a história começa numa determinada data e segue acompanhando normalmente o percurso lógico do tempo, ou *descontínua*, quando o autor não respeita a normalidade cronológica e avança ou retrocede no tempo a seu bel-prazer. Como já dissemos, a utilização de um simples *flashback* já caracteriza o *tempo descontínuo*.

No argumento, a descontinuidade do tempo deve ser explicada. Como se trata de um resumo, *quebrar* a cronologia sem dar as razões e sem *dar pistas claras* para quem lê pode implicar confusão e má interpretação, podendo até pôr a perder um trabalho que poderia ter sido excelente.

Aqui, quando cuidamos da temporalidade de um argumento, a pesquisa é de extrema importância. Não podemos correr o risco de localizar uma história na década de 1950 e falarmos, por exemplo, de roupas de microfibra ou de um acontecimento mundial que ainda não ocorreu. Há um exemplo dramático de um *furo* desse calibre no formidável romance *A história secreta*, de Donna Tartt, quando, numa ação ocorrida em 1983, ela afirma que "*Hampden tem agora o seu Salman Rushdie*". Rushdie, porém, só se tornou conhecido em 1989, quando foi condenado à morte por Khomeini.

Ambientação

Quanto à *localização no espaço*, o argumento deve informar com precisão o local onde acontece a história, suas peculiaridades e características principais; se fictício, uma breve e sucinta descrição que permita o estabelecimento de um parâmetro de comparação com algum outro local já existente.

Falamos de um *lugar fictício* e é interessante explicar... Há ocasiões – principalmente quando se trata de um romance sobre assunto político ou policial e cujos personagens, de uma forma ou de outra, poderiam ser identificados com personagens da vida real – em que é de todo aconselhável *criar* um local absolutamente imaginado. Contudo, para que o romance tenha graça, é bom que haja *pontos de identificação* com o lugar real onde *nasceu* a idéia do livro. Assim, esses referidos *pontos em comum* podem ser desde estilos arquitetônicos, acidentes geográficos e monumentos até características climáticas, etnológicas, lingüísticas e culturais.

Freqüentemente encontramos a localização no tempo *embutida* na própria história – quando não é absolutamente necessário mencionar qualquer data, pois todo o percurso da ação se passa numa época mais do que conhecida universalmente, como a Segunda Grande Guerra, ou então incluída na localização espacial, que é o que ocorre nas histórias da conquista do Oeste dos Estados Unidos.

Da mesma forma, a noção de temporalidade pode não ser tão importante assim no tocante a datas fixas ou bem determinadas. Importa apenas a época, um determinado lapso de tempo na história de vida do ou dos protagonistas.

É o caso do nosso exemplo, *Fraude verde*, em que a noção da época é dada pelo fato da execução de reflorestamentos sob incentivos fiscais – fato este que ocorreu com maior intensidade durante os anos 1970 e parte dos anos 1980.

Principais personagens

O autor deve definir, já de início e no planejamento do percurso da ação dramática, os principais personagens que aparecerão na história, bem como suas necessidades individuais e coletivas.

Agindo assim, estará basicamente preparando o final da história, uma vez que ela deve terminar com essas necessidades perfeita e plenamente satisfeitas.

Definir os personagens é o mesmo que lhes dar vida; para tanto, é necessário *caracterizá-los*. Muitos estudiosos de técnica literária preferem fazer o estudo do personagem principal ou protagonista juntamente com o percurso da ação. Pessoalmente, acho mais conveniente analisá-lo à parte.

Mas não basta apenas o perfil do protagonista: é igualmente necessário um estudo mais detalhado dos perfis dos demais personagens de maior e até de média importância que deverão aparecer no romance.

Isso facilita a avaliação do projeto por parte do editor e serve de guia para o autor quando ele, de fato, começar a escrever sua obra, porque terá em mão um *mapa* da participação de cada personagem nos conflitos idealizados.

Assim, o primeiro passo na caracterização dos personagens é estabelecer uma *hierarquia*. Isso significa que vamos *classificá-los* de acordo com seu grau de importância no percurso da ação dramática.

Seguindo esse raciocínio, podemos ter as seguintes *classes* de personagens:

- Protagonista
- Antagonista
- Coadjuvantes (do protagonista e do antagonista)
- Componentes dramáticos de ligação
- Extras

Protagonista

É o personagem principal, e, por isso mesmo, o personagem-base do núcleo de ação dramática. Está em primeiro plano e deve ser muito bem estruturado em todos os sentidos.

> PROTAGONISTA É O HERÓI, É O SER QUE
> CENTRALIZARÁ A AÇÃO DRAMÁTICA, QUE VIVERÁ
> E DEVERÁ SOLUCIONAR O CONFLITO EXPOSTO NO *STORYLINE*.

Vejam bem que eu escrevi *ser*.

Isso porque o protagonista não precisa ser, obrigatoriamente, uma pessoa. Pode ser um animal, um objeto inanimado, uma pessoa ou um conjunto de pessoas. Até mesmo algo abstrato, intangível. O que importa é que o protagonista, de algum modo, possa interferir no conflito ou conflitos apresentados de forma efetiva e clara.

Também falei que o protagonista *deverá* solucionar o conflito sugerido.

É verdade que há muitos romances em que o protagonista acaba derrotado e sem solucionar coisa nenhuma. Quando isso ocorre *por intenção* do autor, o romance pode ficar — para uns e outros — *frustrante*, mas não perde o seu valor. Contudo, se o personagem e o enredo tomaram as rédeas das mãos do autor e acabaram dominando a situação de tal maneira que a história termina fora do controle de quem a escreveu... Daí o caso é outro. E é lamentável.

Antagonista

Com base na teoria da dualidade das coisas, se há um herói, tem de existir um *anti-herói*. Este papel cabe ao antagonista, que deve estar tão bem estruturado quanto seu rival, o protagonista.

> ANTAGONISTA É O ADVERSÁRIO DO PROTAGONISTA,
> AQUELE OU AQUILO QUE O OBRIGA A ATUAR E A TOMAR
> DECISÕES; HABITUALMENTE, É O PONTO-CAUSA DO CONFLITO.

Assim como o protagonista, o antagonista não é obrigatoriamente uma pessoa. Pode ser tudo, até mesmo um fenômeno meteorológico contra o qual o protagonista luta.

Coadjuvantes

São personagens secundários, mas que têm importância para o desenvolvimento da ação dramática, embora menor – por isso, não têm necessidade de muita estruturação. Geralmente, esta surge no decorrer do percurso dramático, enquanto o protagonista e o antagonista já nascem com ela.

Os coadjuvantes, apesar de menos importantes e secundários, são indispensáveis para o desenvolvimento da ação dramática.

> COADJUVANTES SÃO PERSONAGENS QUE CAMINHAM AO LADO DO PROTAGONISTA OU DO ANTAGONISTA E, EMBORA DE MENOR IMPORTÂNCIA, SÃO INDISPENSÁVEIS PARA O BOM ANDAMENTO DA HISTÓRIA.

Componentes dramáticos de ligação

São personagens de menor importância que os coadjuvantes, e que compõem o elenco terciário do romance.

Por terem pouca importância dramática, exigem menos estruturação, embora cada um deles tenha a sua biografia, ainda que sucinta.

> COMPONENTES DRAMÁTICOS DE LIGAÇÃO SÃO PERSONAGENS CRIADOS PARA PREENCHER O QUADRO POPULACIONAL DA HISTÓRIA, POSSIBILITANDO A LIGAÇÃO ENTRE OS DEMAIS PERSONAGENS E OS AMBIENTES DO PERCURSO DRAMÁTICO.

Extras

São personagens criados para povoar a história. Aparecem pouco, não têm praticamente qualquer importância dramática. Surgem apenas para desempenhar uma autêntica *ponta*. Não necessitam de estruturação, nem mesmo de biografia.

Embora haja essa *hierarquia*, e no que pese ter sido dito que as estruturações importantes são a do protagonista e a do antagonista, todos os personagens do romance devem estar gabaritados dentro de alguns requisitos indispensáveis e que serão aprofundados ou não, de acordo com o papel que tenham de desempenhar no percurso da ação. Esses requisitos são:

- Nome
- Pertinência
- Personalidade e características
- Verossimilhança
- Facetas antagônicas

Nome

Costuma-se dizer que o nome revela a classe social e o caráter do personagem. Em nossos romances, respeitaremos essa *sabedoria popular*, desde que a história o permita e o bom senso o exija.

Assim, personagens endinheirados e importantes habitualmente têm nomes compostos; os mais humildes, nomes bem populares.

Os apelidos são válidos e serão usados sempre que possível – e desde que eles de fato se identifiquem com o personagem e bem o caracterizem.

Devemos evitar apelidos excessivamente jocosos, a menos que a história assim o peça. Seria um absurdo *batizarmos* o protagonista de um romance de espionagem como *Leitãozinho*, que é o apelido do chefe gaulês Abracurcix, dos quadrinhos de Asterix, ou darmos o apelido de *Abobrinha* a um antagonista pelo simples fato de ele ser um engenheiro agrônomo.

Nomes-clichês, como Jarbas para um motorista particular ou Alfredo para um mordomo, que praticamente já se eternizaram até na mídia, também podem ser utilizados, desde que com certo cuidado.

Aliás, os nomes ditos *clichês* podem ser criados pelo próprio autor com a finalidade de evitar confusão, especialmente quando ele produz muitos livros.

Na época em que eu escrevia histórias de faroeste como um padeiro faz pão, para evitar a trabalheira de voltar no texto para ver como se chamava o *barman*, o médico ou um xerife de pouca importância, estabeleci que *todos* os meus *barmen*, seriam chamados de Larry, que *todos* os médicos seriam Ferguson e todos os xerifes pouco importantes, Masters. Seguindo o mesmo princípio, uma prostituta mexicana ou uma dona de bordel seria Dolores e o padre católico deveria ser espanhol e chamar-se Ignácio.

Já nas histórias policiais e de espionagem, as coisas não eram tão *padronizadas* assim, mas mesmo sendo obrigado a uma variação maior, o chefe de polícia, na maior parte das vezes era Killingsworth, sua secretária seria Pamella ou Priscilla e seu primeiro assistente seria Jimmy.

Para a escolha dos nomes de nossos personagens, é sempre conveniente fazer uma pesquisa de opinião – ainda que breve – entre os amigos e conhecidos. Não custa nada perguntar ao vizinho que nome ele daria a um personagem que tivesse tais ou quais características.

No *batismo* de meus personagens, esbarro sempre com um fenômeno dos mais interessantes: tenho muito mais facilidade de escolher nomes femininos bonitos do que masculinos, e – o mais curioso! – simpatizo mais com nomes masculinos estrangeiros do que com os tupiniquins...

Pertinência

Na imensa maioria das vezes, a história é a base sobre a qual se assenta o protagonista, ou seja, ele é criado com base na história e não a história criada com base na existência de um protagonista. Isso é válido para a maioria dos casos. Há situações exatamente inversas, como no caso de Conan Doyle, que criou Sherlock Holmes antes de escrever seus livros.

De qualquer maneira, nunca é demais repetir que o protagonista *nasce com a história*, o que não obrigatoriamente tem de acontecer com o antagonista, que pode surgir no decorrer do percurso dramático. Isso, contudo, não é nem um pouco freqüente.

É de suma importância sempre lembrar que, quando começamos a estruturar nosso personagem principal, a primeira providência a ser tomada é a de fazer que ele esteja perfeitamente adequado ao tema da história que pretendemos contar. O mesmo vale para o antagonista e para os demais personagens criados.

E essa *adequação* — ou *pertinência* — deve acontecer em todos os pontos, inclusive no tempo, no espaço e na *filosofia*, ou seja, no modo de pensar e de agir dos personagens.

Exemplificando, não podemos pôr um homem com mentalidade de samurai na Roma dos Césares, assim como não devemos incluir um gladiador na Segunda Guerra Mundial. Da mesma forma, se descrevemos um professor de Latim, dificilmente faremos idéia dele como um boxeador...

É claro que podem existir aberrações, mas nesse caso, elas deverão estar explicitadas, pois editor nenhum aceitará que um pacato pároco de interior seja visto espancando com as mãos nuas um mau marido que, na véspera, divertira-se surrando a esposa.

Também faz parte deste item a *adequação de vida social e de posses*.

Um homem rico certamente terá bons automóveis, morará num local bonito e bem cuidado, andará bem vestido e freqüentará lugares da moda. Evidentemente, ele poderá ser excêntrico e fazer tudo ao contrário... Mas aí o autor terá de explicar essa faceta da personalidade do protagonista; de qualquer forma, ele estará *pertinente* à história, pois esta exigirá que o personagem se comporte assim.

Personalidade e características

Neste item, cuidaremos da descrição completa do protagonista. Diremos seu tipo físico, sua maneira de gesticular e de falar, contaremos como ele se veste e como se comporta.

Cuidaremos de *montar* sua personalidade, de acordo com o papel que ele deverá desempenhar no percurso da ação. Isso quer dizer que precisaremos falar sobre suas ambições, seus sonhos, suas frustrações, seus problemas mais íntimos, sua posição política, sua religião e como ele enfoca a religião dos outros, seu grau de sensibilidade, seu grau de intelectualidade e de cultura etc.

Desenvolver o máximo possível o personagem é, sem dúvida, um trabalho dos maiores e dos mais complicados. Porém, é amplamente recompensado quando partimos para a execução do percurso da ação, já que o perfeito conhecimento do protagonista facilita imensamente o desenvolvimento do romance.

É muito importante estabelecer, na estruturação do protagonista, a relação e a interação entre seu intelecto e sua emotividade.

Para compreender, basta lembrar que um professor de física, tímido, introvertido e autêntico *bicho de livros*, dificilmente estaria bem dentro da própria pele numa *rave*...

Contudo, é importante dizer que o protagonista pode e deve *mudar* durante o percurso da ação, de acordo com os conflitos que surgem e que vão sendo solucionados – e é exatamente o que acontece na vida real, pois nós reagimos de formas diferentes de acordo com as circunstâncias. Assim, um homem duro, racional, inflexível, pode se transformar, por causa do amor de uma mulher ou do carinho de uma criança, num homem sensível, sentimental e emotivo.

Essa estruturação também deverá ser feita no que concerne ao antagonista.

Para finalizar este item, devo lembrar que o autor comporá seu personagem tanto mais facilmente quanto maior for a sua capacidade de observação do cotidiano.

Alguém que *vive a vida* tem mais possibilidades de estruturar um personagem do que aquele que passa seus dias enclausurado como um frade trapista ou enfurnado em sua *caverna* como um urso, evitando ao máximo qualquer contato social, sem querer pôr o focinho do lado de fora.

Lembremos que o bom autor de romances é uma pessoa do povo, um cidadão do mundo, capaz de ver e enxergar tudo, capaz de compreender – ou de pelo menos tentar compreender – todas as nuances da personalidade humana.

Em tempo: nem todos os autores – e eu sou um deles – descrevem claramente seus personagens; apenas apontam suas linhas gerais, deixando por conta da imaginação dos leitores os demais detalhes.

Verossimilhança

Um dos principais objetivos de quem escreve um romance é fazer o leitor se identificar com o protagonista ou com, pelo menos, um dos personagens.

Para que isso possa acontecer, é preciso que protagonista e personagens sejam *reais*, o que quer dizer que eles devem se aproximar o máximo possível dos seres humanos comuns – obviamente, quando estamos falando de protagonistas humanos.

Assim, as *escalas de valores naturais* devem ser respeitadas, e o protagonista precisa apresentar os chamados *valores universais*, decorrentes da velha definição de que *o homem é um animal político, social e gregário*, tais como a moral, a ética, a sensibilidade afetiva, a tendência política etc., e os *valores individuais*, características pessoais do protagonista e que poderiam ser, por exemplo, o gosto pelas mulheres bonitas, o ódio à promiscuidade, a aversão a quiabo etc. Tudo isso deve ser levado em conta na *montagem do personagem*; quanto mais características humanas conseguirmos dar a ele, mais bem estruturado ele será e mais fácil será desenvolver a história em si.

Num romance *normal* – que não trate de super-heróis cinematográficos hollywoodianos nem fale de ficção científica, terror ou realismo fantástico – o protagonista *tem de ser uma pessoa tão normal quanto o leitor*. Isso, exatamente para facilitar a identificação deste com aquele. Assim, nada de fazer o protagonista saltar um obstáculo de dez metros de altura e cair do outro lado inteiro e de pé, nada de fazê-lo bater em dez malfeitores ao mesmo tempo...!

Facetas antagônicas

Um bom autor revela-se na complexidade de seus personagens, e essa complexidade, no fundo, nada mais é do que o espelho cristalino da vida real.

Assim, faz-se necessário considerar que o ser humano, justamente por ser complexo em sua personalidade, é instável e, por vezes, imprevisível. Quando achamos que ele reagirá de uma determinada forma, o que acontece é uma atitude no sentido diametralmente oposto.

Ora, o protagonista e os demais personagens do nosso romance, uma vez humanos, também precisam ter essa labilidade e essa complexidade.

Ou seja, devem existir em suas personalidades pelo menos algumas *facetas antagônicas*.

São esses antagonismos que colocamos em nossos personagens que lhes dão *identidade* e *originalidade*.

Desse modo, o protagonista, apesar de ser sempre enfocado como *herói*, também deve ter suas fraquezas, seus medos, suas angústias. Como qualquer ser humano normal, deve chorar e rir, precisar de afeto, sentir raiva, amar, ter ciúmes, admirar, invejar... Por sua vez, o *vilão*, ainda que sempre odiado pelo leitor que se integre de fato à história, também pode ter seus laivos de bondade – ser caridoso, ter um grande amor na vida, adorar uma criança, ser religioso, gostar de trabalhar...

Assim, vimos como compor o item *argumento* do nosso projeto literário.

Evidentemente – e vocês poderão observar no exemplo *Fraude verde* – que não se põe no papel tudo isso.

Na realidade, fazemos apenas um resumo do estudo e da pesquisa realizada para que possamos ter em mãos um projeto bem-feito, que explique nossas intenções e que possa *convencer* o editor.

Plot principal e *underplots*

O *plot* é o centro da ação dramática. É o conjunto de ações e acontecimentos que determinam a razão de ser da história. A espinha dorsal do percurso da ação e a linha que concatena e coordena as idéias, as ações, os personagens e seus conflitos, bem como suas soluções.

> PLOT É A ESPINHA DORSAL DO PERCURSO DA AÇÃO DRAMÁTICA, A LINHA QUE CONCATENA E COORDENA AS IDÉIAS, AS AÇÕES, OS PERSONAGENS E SEUS CONFLITOS, BEM COMO AS SUAS SOLUÇÕES.

O *plot* deve ser absolutamente *completo* e *enxuto*, o que quer dizer que ele precisa, em primeiro lugar, ter *princípio, meio e fim*, e, em segundo, não conter nada além daquilo que é estritamente necessário, assim como não lhe pode faltar nenhum ponto.

Com base nessas premissas, inferimos que o *plot* de um romance tem de ser *lógico*, e não se pode romper essa lógica sem comprometer profunda e definitivamente o seu todo.

Assim, é o *plot* que, afinal das contas, define a *linha* do romance – se ele será um drama, se será jocoso, violento ou de alta sensibilidade poética.

Na estruturação do *plot*, é necessário levar em conta a *verossimilhança*. Não se pode incluir num *plot* acontecimentos fisicamente impossíveis ou mesmo apenas improváveis – por exemplo, o protagonista levar um tiro no peito, sangrar abundantemente e, ainda assim, conseguir dirigir um caminhão por várias horas até conseguir socorro.

Do cuidado do autor com a *verossimilhança* resultará a *credibilidade* de sua idéia, e conseqüentemente de sua obra. Um *plot* inverossímil levará a uma história no mínimo jocosa; se a intenção do autor era escrever um drama, ele poderá ter uma surpresa desagradável quando a crítica classificar sua obra como uma *comédia*.

Quando escolhemos escrever um romance com a pretensão de *best-seller*, devemos lembrar que:

- Os *plots lineares* têm a triste tendência de se tornar maçantes.
- O público aprecia romances que apresentem no mínimo três *plots*: o *plot principal* e dois *underplots*.
- *Plot* e *underplots* necessariamente precisam se *encontrar* – ter pontos em comum – no decorrer do romance, não importando quantas vezes e nem em que momentos da história esses encontros ou correspondências aconteçam.

Os *underplots* são os *plots* secundários – histórias dentro da história – que, interligando-se e encontrando-se com o *plot* principal, enriquecem-no e formam o recheio do romance. São também seu tempero, fortalecendo-o e dando-lhe mais consistência, influenciando-o e estabelecendo contrastes, parâmetros de comparação e, muitas vezes, *explicando* as essências uns dos outros.

Uma comparação bastante boa é imaginar que o *plot* principal seja a quilha de um navio e os *plots* secundários – ou *underplots* – sejam as longarinas do casco. Longarinas e quilha estão ligadas entre si pelas travessas, que são justamente os pontos de correspondência entre *plot* e *underplots*. Longarinas e quilha acabam por se encontrar na proa da mesma forma que o *plot* principal e os *underplots* têm de se encontrar logicamente no término da história.

Da perfeita interação entre o *plot principal* e os *underplots*, bem como entre os próprios *underplots*, dependerá o bom entendimento do romance e sua qualidade literária.

Quando escrevo um romance que apresenta mais do que um *plot*, costumo apresentá-los separadamente, no prólogo do livro. Depois, no desenvolvimento do romance, eles serão tratados individualmente e se encontrarão da segunda parte do livro em diante, já quando os conflitos começam a ser definitivamente solucionados.

Esse recurso permite muitas facilidades, inclusive a possibilidade de *brincar* com o fator *tempo*, fazendo um determinado *underplot*, por exemplo, começar numa época muito anterior à do *plot principal* e, na segunda parte, por um mecanismo de *flashback*, trazê-lo de volta para então cuidarmos de seu pleno desenvolvimento até chegar à data *atual*.

O tratamento que deve ser dado a cada *plot* de nossa história, seja esse *plot* o principal ou um *underplot*, deve ser completo. Isso quer dizer que cada *plot* terá seus personagens próprios – que podem ou não ser coincidentes com os personagens do *plot principal* – e seu conflito próprio. Cada um deles terá de mostrar o desenvolvimento desse conflito graças à ação e à interação dos personagens, e terá de chegar à solução do conflito.

É importante lembrar que os conflitos apresentados e desenvolvidos nos *underplots* necessariamente precisam influenciar no conflito do *plot principal*, ainda que subliminarmente. Uma coisa é um *underplot* e outra, completamente diferente, é uma história solta no meio da história principal, sem nada ter que ver uma com a outra.

Esta interação entre os *plots* de nossa história não deverá ser das tarefas mais difíceis e complicadas de realizar, uma vez que temos em mãos o *projeto literário*, no qual já traçamos o *mapa* do que pretendemos escrever, com o *plot* principal assinalado, assim como bem marcados os pontos de encontro deste com cada um dos *underplots* que idealizamos. Essa é uma maneira bastante simples e fácil de evitar *escapadas* e confusões, com os conseqüentes desperdícios de tempo e o desgaste emocional causado pela lamentável descoberta de que se está andando por um caminho errado e que, por isso, é preciso começar tudo de novo.

Ainda assim, é preciso estar sempre atento para que a *idéia* não *fuja* dos trilhos que lhe impusemos, tanto no *storyline* quanto no argumento. Isso sim é um pouco mais complicado, já que muitos de nossos personagens podem vir a ser donos de uma personalidade e de um caráter tão fortes e marcantes que acabem por nos dominar. Se não tomarmos cuidado, *morderão o freio* e nós não mais os controlaremos.

E esse tipo de desastre precisa ser evitado a qualquer preço, mesmo que o preço seja jogar tudo na cesta de lixo e começar outra vez.

Lembro aqui que, infelizmente, há uma tendência *pseudomodernista* de escrever obras de ficção onde não se encontra nitidamente um *plot principal*. Nessas obras, a maior parte delas escrita por *intelectualóides não-escritores*, nota-se a preocupação do autor em sair do nada para chegar a lugar nenhum. O resultado final é sempre desastroso. Ainda que existam leitores que dizem ter entendido e adorado a obra, uma análise mais cuidadosa da mesma resulta em não se achar qualquer fundamento, seja do ponto de vista ficcional, seja do ângulo da literatura em si. Portanto, não há nenhum sentido na existência do livro.

Se bom é não o ler, melhor ainda teria sido não o escrever.

O PERCURSO DA AÇÃO DRAMÁTICA

Como já dissemos antes, o *storyline* precisa apresentar o conflito, mostrar como ele se desenvolverá e, por fim, contar como ele será solucionado.

Tudo isso em no máximo três sentenças e umas poucas linhas.

No *argumento*, trataremos com mais detalhes exatamente desses três tópicos, encadeando e formando o *percurso da ação*.

> PERCURSO DA AÇÃO É O ENCADEAMENTO DE ACONTECIMENTOS GERADOS OU GERADORES DE CONFLITOS, QUE SE DESENVOLVEM E CHEGAM A SOLUÇÕES NO DECORRER DA HISTÓRIA.

Isso, em resumo, é a essência do argumento.

É nessa etapa do projeto literário que *montamos o cenário* no qual acontecerá nossa história, começamos a apresentar e a construir os personagens e mostramos com a maior clareza possível o conflito ou os conflitos que terminaram por gerar a história – e que são, fundamentalmente, a base de tudo.

Notem bem que eu disse, quando me referi aos personagens, que *começamos* a construí-los.

Sim, pois nesta fase, apenas mostramos quem eles são... E apenas os principais.

11. Estrutura do romance

Quando tudo que foi dito até agora estiver pronto, depois de determinados e estruturados tanto o *plot principal* quanto os *underplots*, o protagonista e demais personagens, você estará pronto para começar o processo de estruturação de sua história.

Como começar?

Por onde iniciar?

Minha sugestão é começar pelo fim.

Isso não quer dizer que o *formato final* de seu livro será esse, com as primeiras páginas correspondendo ao fim do enredo.

Na verdade, trata-se mesmo de uma boa idéia, mas o que me leva a dar esse conselho é um outro motivo: sabendo o fim de sua história, você terá uma linha mais *visível* de desenvolvimento do conflito, para seguir do começo até sua resolução.

A comparação com uma viagem de automóvel é bastante válida. Você jamais entraria apressadamente num carro e sairia dirigindo a esmo, sem um destino certo e específico em mente. Essa mesma lógica se aplica à sua história. Durante todo o tempo, desde o momento em que liga o computador e começa a digitar seu texto, você precisará, obrigatoriamente, saber para onde está indo ou, no mínimo, onde quer chegar.

Muitos escritores afirmam *fabricar* a história à medida que ela vai *andando*.

Isso é possível, claro. Entretanto, há de se entender que esses autores são exceções, pessoas provavelmente superdotadas intelectualmente e que, justamente por isso, sequer percebem que vão *montando a história no subconsciente*. Assim, no final das contas, ainda que não o conscientizem, esses *gênios* já têm o enredo todo na cabeça e seu *espírito* já conhece exatamente o caminho a ser percorrido.

Mas estamos falando de nós, pessoas normais...

Se você tentar *fabricar* sua história enquanto *caminha* pelo percurso da ação, correrá o sério risco de sair do tema ou, então, acabará vendo-se obrigado a *forçar* os acontecimentos para que estes ocorram.

O resultado será desastroso e seu romance poderá se tornar banal e vulgar.

Evidentemente, isso partindo do princípio, como mencionei há pouco, de que você é uma pessoa normal. Se estiver qualificado como *gênio*, aí a conversa é outra e você nem deveria ler este livro.

Conhecendo o final da história, elimina-se a necessidade de voltar no desenvolvimento do argumento para criar cenas no romance que justifiquem a resolução do conflito apresentado. Essas cenas surgirão automaticamente, como etapas lógicas de um caminho a ser percorrido até um objetivo conhecido.

Desse modo, por exemplo, o romance *Fraude verde* começa explicando a aura de magia que cerca um acampamento cigano e a doença de Milka. Não falamos de sua morte, pois, evidentemente, é preciso criar um ambiente de suspense. Contudo, se nada disséssemos sobre essa magia, o final do livro pareceria *forçado*, muitos acontecimentos no percurso da ação ficariam sem explicação e, para um parcial entendimento do leitor, seriam necessários vários recursos de *flashback* — que, por sua vez, tornariam a leitura cansativa, confusa e complicada.

Iniciando a estruturação pelo fim da história, em *backward motion*, você encontrará muitas facilidades; entre elas, a possibilidade de trabalhar em duas direções: para frente ou para trás.

Trabalhando a partir do começo, em *forward motion*, você será obrigado a criar todas as cenas necessárias — assim como as explicações – para levar à resolução do conflito que você mesmo criou e *deu de presente* ao protagonista.

Nos *best-sellers*, exatamente como nos filmes e novelas de televisão, a *platéia* – aqui, representada pela massa de leitores – reage emocionalmente, e não intelectualmente.

Isso significa que o leitor de um *best-seller* não deve precisar *pensar* para reagir, para se identificar com a história.

O objetivo é *mostrar claramente a cena*, e não obrigar o leitor a arquitetá-la sozinho, em sua mente.

Por isso, todas as ações entre o começo do romance e sua resolução, devem ser relatadas e unidas pelos *forward* e *backward motions*, jogados em perfeita harmonia e cuidadoso equilíbrio para não *fundir* a cabeça do leitor.

Criar uma situação que leve a uma solução já conhecida é muito mais fácil do que criar soluções que combinem perfeitamente com situações surgidas a esmo, que nos obrigam a criar justificativas para dar coerência ao enredo.

Seria o mesmo que puxar o piano em vez de aproximar a banqueta...

Percebo, intuitivamente, que muitos de vocês têm uma pergunta na ponta da língua: *Mas como saber o fim de algo que ainda não está escrito, mas apenas planejado?*

A resposta é óbvia: *definindo as necessidades de seu personagem principal, você estará basicamente preparando o final de sua história, uma vez que ela deve terminar com essas necessidades perfeita e plenamente satisfeitas.*

Ao iniciar a estruturação de seu romance, já tenha determinado o final de sua história do modo mais detalhado que puder. Dessa forma, será preciso apenas *preencher os espaços topográficos e cronológicos* entre o começo e o fim.

Nessa etapa da estruturação, é mais do que aconselhável e conveniente utilizar os recursos de *forward* e *backward motion* simultaneamente, desenvolvendo o romance sempre nas duas direções – porém, com o necessário bom senso para obter um equilíbrio perfeito.

Nunca se esqueça: *in medio virtus...*

Em tempo: trabalhar em *backward motion*, caminhar *do fim para o começo* do *plot*, não é o mesmo que trabalhar em *flashback*.

> FLASHBACK É UM RETORNO NO TEMPO MARCADO NO PERCURSO DA AÇÃO POR ALGUM EVENTO QUE LEVE O PROTAGONISTA OU PERSONAGEM PARA O PASSADO, SEM MODIFICAR O DESENVOLVIMENTO BÁSICO DA AÇÃO.

Ainda na etapa de estruturação de seu romance, é necessário pensar com cuidado e carinho no *tamanho da história*.

Imagine que uma pessoa lerá sua obra como se estivesse realmente assistindo a um filme.

Esse é o ideal. Ouvir algo como *"parecia que eu estava vendo um filme"* é a realização máxima de um romancista.

Assim, imaginando que você está *escrevendo uma seqüência de imagens*, e não apenas de palavras, numa leitura ininterrupta, a duração de seu romance – que determinamos ter 480 páginas – não deve ultrapassar os 720 minutos, ou seja, doze horas de leitura ou quatro sessões de três horas de leitura cada.

Naturalmente, estamos considerando o leitor-padrão, aquele capaz de ler uma página em formato 16 cm x 23 cm, em tipologia Times New Roman, corpo 13, em 90 segundos, aproximadamente.

Também convém ter em mente que cada história cobre um determinado período de tempo do personagem principal.

E isso vale tanto para o *plot principal* quanto para cada um dos *underplots*, com seus respectivos personagens.

Esse tempo é bastante aleatório e pode variar de infinitésimos de instantes até a vida inteira desse personagem, com incursões perfeitamente liberadas em suas gerações anteriores e futuras ou nas de outros *figurantes* que o cerquem.

Por uma questão de facilidade, convém limitar o tempo da história ao tempo necessário à ação do personagem que motivou a execução da obra.

As incursões no passado, feitas com o recurso de *flashback*, podem ser a saída para *esticar* o argumento, bem como para explicar e justificar as ações do personagem principal e dos secundários.

Por outro lado, é interessante determinar a época em que se passa a história de uma maneira bem clara para o leitor.

No caso dos *westerns* e dos romances situados em períodos históricos bem conhecidos, isso é relativamente fácil, na medida em que a própria história já conta a época. Ainda assim, nos livros sobre faroeste, devemos lembrar que o período de colonização e conquista do Oeste norte-americano levou pelo menos dois séculos e que, no início, os equipamentos, insumos, armas e costumes eram muito diferentes daqueles empregados nos últimos anos do século XIX, quando a região já estava totalmente conquistada.

Nos livros policiais, de espionagem, romances, aventuras e mesmo de ficção científica, é fundamental definir a época da história para que o leitor não se perca.

Como escrevi anteriormente, a reação do leitor de *best-sellers* é sempre emocional, e não intelectual. Ele quer *ver, sentir* e até mesmo *escutar* a história, em vez de precisar pensar nela enquanto a lê.

Também muito útil para o autor iniciante é o recurso do *tempo fixado.*

Se você determinar um *tempo fixado,* ou seja, um momento determinado em que uma certa ação deverá acontecer, então poderá, com mais facilidade, criar um clima de tensão e suspense muito conveniente para a história.

No romance *Fraude verde,* por exemplo, em diversos momentos Ronaldo passa por *corridas contra o tempo* na tentativa de salvar Milka. O clima de *ansiedade* é transmitido ao leitor como se ele assistisse a um filme em que uma bomba relógio está prestes a explodir e o protagonista não consegue desmontá-la até que, invariavelmente, consegue fazê-lo nos segundos finais...

Porém, cuidado!

Lembre-se sempre de que o *tempo fixado* deve ser visto como um instrumento ou uma ferramenta da escrita dramática. Logo, só pode ser utilizado se estiver perfeitamente ajustado à sua história; ajustado de uma tal forma que não cause a impressão de que o recurso está sendo usado naquela determinada situação unicamente para possibilitar sua solução.

Ou seja,

> O TEMPO FIXADO NÃO PODE SER USADO PARA FORÇAR O DESENVOLVIMENTO OU RESOLUÇÃO DE UM CONFLITO.

A montagem da estrutura do romance constitui a etapa mais importante na composição de um bom trabalho, pois é ela que assegura e controla o desenvolvimento uniforme, constante e coerente de sua história, desde o início até o fim.

A história precisa ser clara e bem explícita; as cenas, muito mais objetivas do que subjetivas. E não se deve cometer o crime do abstracionismo.

É claro que um pouco de introspecção não deixa de ser interessante e enriquecedor para o trabalho, mas cuidado com o abuso.

> A OBRIGAÇÃO DO BOM AUTOR É, ANTES DE MAIS NADA, ESCREVER DE TAL MANEIRA QUE O LEITOR ENTENDA O QUE ELE QUIS DIZER, SEM QUALQUER DIFICULDADE.

Basicamente, como já vimos, o verdadeiro *best-seller* precisa ser estruturado sobre três pilastras: *montagem da história*, *montagem do conflito* e *solução do conflito*.

Evidentemente, devem existir interações e intercomunicações entre esses três aspectos a fim de não torná-los *departamentos estanques* – o que tornaria a história maçante e sem graça.

Podemos subdividi-los da seguinte forma:

MONTAGEM DA HISTÓRIA

1 – Apresentação do protagonista e dos principais coadjuvantes
2 – Estabelecimento da premissa da história, daquilo a que ela diz respeito e das circunstâncias dramáticas que contornam a ação
3 – Ambientação e fortalecimento do personagem principal
4 – Apresentação do ponto mais importante da trama

MONTAGEM DO CONFLITO

1 – Exposição e desenvolvimento do ponto mais importante da trama
2 – Apresentação do segundo ponto mais importante
3 – Apresentação e exposição dos obstáculos e confrontações para a resolução da trama
4 – Exposição e desenvolvimento do segundo ponto mais importante da trama
5 – Apresentação do terceiro ponto mais importante
6 – Apresentação do início das soluções encontradas pelo personagem principal
7 – Exposição e desenvolvimento do terceiro ponto mais importante da trama

SOLUÇÃO DO CONFLITO

1 – Desenvolvimento das soluções encontradas pelo personagem principal
2 – Premiação do Bem
3 – Punição do Mal
4 – Risada final

Terminada a estrutura básica de seu romance, você terá em mãos o que eu chamo de *argumento desenvolvido*.

Nessa etapa, muitos pontos do romance ainda não foram trabalhados até sua forma final, como as descrições mais detalhadas de pessoas e de lugares, a *injeção* de informações históricas e filosóficas e os diálogos.

Já temos, contudo, um bom *esboço* do que será o livro.

Então, devemos nos perguntar:

- A história em si tem cabimento?
- Há verossimilhança?

- Tudo quanto cerca o enredo é possível?
- Nada tende ao ridículo e/ou absurdo?
- O encadeamento de idéias está perfeito?
- A história está corretamente localizada no tempo?
- E no espaço?
- Há uma cronologia lógica?
- Não há erros históricos?
- Nem geográficos?
- E erros filosóficos?
- O protagonista está bem definido?
- O objetivo do protagonista está bem claro?
- Os demais personagens estão bem definidos?
- Há razão de ser para esses personagens?
- Quais são seus objetivos?
- Os *underplots* têm cabimento?
- Eles se pertencem e se correspondem?
- Têm relação com o *plot principal*?
- A ligação entre os *underplots* está bem definida e explicada?
- O que se quer contar com esta história?
- Há um fundamento moral nítido?
- Existe uma base ética na história?
- Os pontos polêmicos estão bastante nítidos?
- Todos os *plots* são capazes de emocionar o leitor?
- O percurso de ação estabelece cumplicidade com o leitor?
- A leitura está rápida e envolvente?
- A solução do conflito é viável?
- O clímax é capaz de chocar o leitor?
- O romance pode preencher uma lacuna de mercado?

Evidentemente, depois de respondermos honestamente a essas perguntas, é sempre bom submetermos a leitura da estrutura do romance a alguém com condições técnicas de opinar. Afinal, é muito comum passarmos por cima de erros crassos e evidentes, acreditando que tudo está bem explicado e claro – o que pode não ser verdade para um leitor qualquer.

Além disso, há a lógica mais pesada: o romance é como um filho nosso e, por isso, não vemos seus defeitos...

Na elaboração da estrutura do romance, não podemos nos preocupar demais com detalhes, como a gramática, a ortografia ou a redação perfeita. É claro que, quanto menos erros houver, menor será o trabalho final. Todavia, devemos nos ater, o máximo possível, à estrutura do livro em si, à sua *construção*.

Cumprida essa etapa, depois da primeira autocrítica e da opinião de outras pessoas, poderemos passar à fase seguinte – que, na construção de uma casa, corresponderia ao reboco.

A estruturação do romance servirá como *substrato* para as demais etapas; será a *base* em que aplicaremos a argamassa para completar a obra.

No caso dos romances que escrevo, é na fase de término da estruturação que começo a *dar palpites* na capa e na diagramação do livro. A essa altura dos acontecimentos, já tenho uma boa idéia daquilo que mais impactará o leitor – idéia que deverá aparecer na capa – e de quantas *partes* será composto o livro.

É justamente aí que começo a pôr doido o meu editor...

OS DIÁLOGOS

O sucesso de um romance depende em grande parte da habilidade do autor em montar os diálogos entre os personagens por ele criados.

Não é segredo para ninguém que muitos leitores – aliás, a imensa maioria deles – só compram livros que tenham diálogos.

E, quanto mais, melhor!

No fundo, esses leitores não deixam de estar certos.

O diálogo é essencial no desenvolvimento de todo e qualquer drama; ainda que não seja mais do que um *monólogo*, por mais paradoxal que isso possa parecer.

Trata-se de uma das ferramentas mais simples e mais diretas de que o autor pode lançar mão para caracterizar seus personagens, além de ser a forma mais elementar de mostrar suas emoções e reações.

Assim, podemos dizer que se justifica plenamente que um romance com diálogos tenha mais sucesso e venda bem mais que outro em que eles praticamente não existam.

Contudo, é preciso haver equilíbrio: o excesso de diálogos acaba por *esvaziar* a obra em sua profundidade filosófica e literária, tornando-a vulgar e, muitas vezes, simplória.

Como de hábito, *in medio virtus*.

Os diálogos, como tudo num romance, devem encerrar três qualidades essenciais:

- Pertinência
- Clareza
- Estrutura

Pertinência

O diálogo precisa estar perfeitamente adequado ao instante em que ele aparece.

Adequado, necessariamente, em todos os sentidos; dentro do percurso de ação, ele deve *pertencer ao momento*, *pertencer ao tema* e *pertencer à personalidade dos que estão dialogando*.

Assim, não há sentido, por exemplo, num diálogo leve ou mesmo piegas entre dois personagens vivendo um momento de grande tensão. Tampouco caberia, nessa mesma circunstância, um diálogo sobre qualquer outro assunto que não pertencesse, de fato, ao determinado instante dramático.

E, para finalizar, seria um desastre completo um diálogo, digamos, entre um ajudante de pedreiro e um professor de física quântica, em que este se comunicasse com o operário nos mesmos termos usados numa sala de aulas e... fosse entendido. A linguagem desse ajudante de pedreiro estaria mais adequada na boca de um escritor ou, no mínimo, de um amante de literatura.

Não pretendemos afirmar aqui que é absolutamente obrigatório usar nos diálogos a mesmíssima linguagem que o personagem utilizaria, com seus erros gramaticais e vícios fonéticos. Muitas vezes isso fica difícil e acaba comprometendo o bom entendimento do que ele quis dizer. No entanto, a linguagem dos personagens, quando transcrita para o livro na forma de diálogos, deve *tentar* se aproximar o máximo possível da vida real – e, nessa operação, incluir alguns erros e vícios não deixa de ser interessante e útil.

Clareza

Por se tratar da linguagem essencial do drama, o diálogo precisa ser claro e de fácil entendimento para o leitor.

Além disso, não se pode deixar de lembrar que o *diálogo é a reprodução escrita de uma conversa* e, desse modo, como a conversa *normalmente* existe para que duas pessoas se entendam, ele *precisa* ser claro e explícito.

Por isso, a menos que a *personalidade imposta* ao personagem assim o exija, cabe a nós usar o menos possível palavras rebuscadas e evitar excessos de *estilismo* e erudição. O diálogo correto deve deixar transparecer as emoções dos personagens e, como num romance não podemos contar com a *interpretação pessoal* do personagem, precisamos *injetar* essas emoções nas palavras e frases dos diálogos que escrevemos.

Tarefa que, a bem da verdade, não é nada fácil e que depende, antes de mais nada, do talento do escritor e, em segundo lugar, da boa estruturação do diálogo.

Estrutura

O diálogo tem de estar bem *marcado* no texto, *realmente chamando a atenção do leitor*.

O travessão serve para isso e, pessoalmente, não aconselho o uso de aspas – numa pesquisa particular que realizei, pude perceber que elas não são do agrado da imensa maioria dos leitores.

Ademais, ainda no que diz respeito à *marcação* do diálogo, ele deve estar sempre muito bem apresentado.

Não tenham pruridos em escrever *fulana disse:*, *sicrano falou:*, *replicou beltrano:*.

Mas cuidado! Nos trechos de diálogos muito rápidos, essas indicações precisam ser usadas com cautela: o excesso traz sempre o risco de tornar o texto enfadonho e cansativo. Uma boa dica é jamais escrever diálogos rápidos *muito longos*. No máximo três falas de cada um dos personagens antes que um deles se alongue em alguma consideração mais aprofundada.

Outra coisa: numa conversa, é muito comum iniciarmos o diálogo dizendo o nome do interlocutor. Por exemplo:

— *Carlos, você me disse que aceitaria o emprego.*

Não é elegante. Melhor seria alocar o nome do interlocutor no final. Ficaria assim:

Você me disse que aceitaria o emprego, Carlos.

E isso, apenas quando se mostrar imprescindível nomear o interlocutor, pois o melhor mesmo é evitar o uso do vocativo num diálogo.

Muitas vezes, colocamos a indicação do diálogo no meio da fala do personagem. Trata-se de um procedimento muito bom e bastante aconselhável, que dificilmente cansa o leitor e normalmente consegue explicar e indicar bem a fala. Contudo, é preciso tomar cuidado para *não dar duas indicações durante a mesma fala*.

Tomemos como exemplo o seguinte diálogo:

Antes que minha esposa pudesse contestar, acrescentei:
— Pensei que você me conhecesse melhor, Simone! Imaginei que soubesse que eu vejo tudo isso como uma simples conseqüência de um trabalho intenso, muitas vezes insano e sempre terrivelmente exaustivo!
— Não falei o contrário, querido — defendeu-se Simone. — Apenas disse que você, justamente por causa desse trabalho intenso, insano e exaustivo, como a imensa maioria dos homens, está esquecendo que existem valores maiores do que aqueles que podem ser mensurados, medidos, quantificados!

Na segunda fala, o "— *defendeu-se Simone* —" é a chamada *indicação intercalada*. Anteriormente, referi-me à colocação, equivocada, de *mais uma* indicação intercalada nessa mesma fala.

O erro poderia ser assim:

— *Não falei o contrário, querido — defendeu-se Simone. — Apenas disse que você, justamente por causa desse trabalho intenso, insano e exaustivo — acrescentou ela, fazendo uma expressão séria —, como a imensa maioria dos homens, está esquecendo que existem valores maiores do que aqueles que podem ser mensurados, medidos, quantificados!*

O "— *acrescentou ela, fazendo uma expressão séria* —" está demais, pois já existe uma *indicação intercalada* nessa fala. Nesse caso, seria mais aconselhável e correto *abrir* uma nova fala.

Desse modo:

— *Não falei o contrário, querido — defendeu-se Simone. — Apenas disse que você, justamente por causa desse trabalho intenso, insano e exaustivo...*

Simone fez uma pausa e, com uma expressão muito séria, continuou:

— *Como a imensa maioria dos homens, você está esquecendo que existem valores maiores do que aqueles que podem ser mensurados, medidos, quantificados!*

Da mesma maneira, não convém, após uma indicação de fala, intercalarmos uma outra.

Vejamos um exemplo:

Aceitou o cálice de licor que o general lhe ofereceu e indagou:

— *Mas isto está muito além de minha capacidade de compreensão! — exclamou — Como é possível que os superespiões intermoleculares não tenham conseguido localizar a minha imagem?*

— *Não sei... — respondeu o general. — Porém, tenho cá comigo uma suspeita... E essa suspeita, se confirmada, estará já indicando que eu vou perder uma aposta.*

Observe-se que na primeira fala ocorrem dois erros crassos. Um deles já na própria indicação, quando o narrador diz que alguém *indagou* e, na fala, a indagação só aparece no final. Em segundo lugar, o *exclamou*, segunda indicação na mesma fala, é desnecessário.
O correto seria:

Aceitou o cálice de licor que o general lhe ofereceu e exclamou:
— Mas isto está muito além de minha capacidade de compreensão!
E, depois de provar o licor, indagou:
— Como é possível que os superespiões intermoleculares não tenham conseguido localizar a minha imagem?

Outro erro cometido com muita freqüência é a colocação de duas falas do mesmo personagem, uma imediatamente seguida da outra, sem o apoio de nenhuma explicação ou frase do narrador ou de qualquer trecho de narrativa em si.
Por exemplo:

Aceitou o cálice de licor que o general lhe ofereceu e exclamou:
— Mas isto está muito além de minha capacidade de compreensão!
— Como é possível que os superespiões intermoleculares não tenham conseguido localizar a minha imagem? — indagou.
— Não sei... — respondeu o general. — Porém, tenho cá comigo uma suspeita... E essa suspeita, se confirmada, estará já indicando que eu vou perder uma aposta.

A segunda fala do personagem que aceitou o cálice de licor precisaria estar separada da primeira por alguma coisa, por um acontecimento qualquer, por uma frase do narrador, enfim, por uma *marcação de alteração emocional* do personagem no momento em que vai dizer a segunda fala.
É o que acontece no diálogo a seguir:

Kurt ergueu a arma e apontou-a para a cabeça do coronel, dizendo:
— Não tenho alternativa, coronel... O senhor sabe demais.

E, com um sorriso hipócrita, acrescentou:
— Na realidade, sinto muito ter de fazer isso... Até que o senhor foi um bom oficial...!

A modificação emocional está marcada pela frase "*E, com um sorriso hipócrita, acrescentou:*", que também separa duas falas de um mesmo personagem.

Esse recurso de separação é deveras conveniente no caso de uma fala muito longa. A *quebra* serve para *cortar a monotonia* a que sempre estão sujeitos os monólogos nos quais se tenta desenvolver algum tipo de explicação mais aprofundada ou filosófica.

É o que sucede no seguinte texto:

Encaixei a indireta, omiti-me de argumentar que minha capacidade de entender as coisas era, talvez, um pouco superior à que ela estava me atribuindo e, mastigando meu pão, indaguei:
— E, à luz dessa sua dimensão extratemporal, como você explicaria essa diferença no tempo?
Simone ergueu os ombros com displicência e falou:
— Se tentarmos esquecer o fenômeno do tempo de duração de sua conversa com Leon e o tempo que eu percebi passar efetivamente, poderíamos pensar que você foi vítima de uma alucinação. Mas isso não aconteceu, e temos provas. Em primeiro lugar, o meu testemunho; em segundo lugar, a gravação; e, por último, os dólares. Assim, seremos obrigados a aceitar que, de fato, ocorreu no mínimo um fenômeno que só pode ser explicado por um ângulo que nada tem a ver com os conhecimentos físicos, matemáticos e de lógica de que dispomos nesta dimensão temporal.
Simone tomou fôlego e prosseguiu, entusiasmando-se:
— Você pode ter sido carregado para outra dimensão, querido! E, nessa outra dimensão, o conceito de tempo é forçosamente diferente do nosso! Um minuto pode ser uma hora ou um século e uma hora pode ser apenas um infinitésimo de instante!
Meneei a cabeça em sinal de dúvida, e Simone perguntou:
— Qual é a dimensão tempo para o pensamento? Quanto tempo demora um pensamento para se formar e se conscientizar?

Não respondi — mesmo porque não teria qualquer resposta a dar —, e minha esposa continuou:

— Se Leon tem realmente a capacidade de exercitar a telepatia, ele pode ter injetado em sua mente uma porção de informações, de tal modo que a você pareceu ter passado vários minutos quando, na realidade, toda a operação não demorou mais do que alguns segundos...

Observe-se que, nesse texto, Simone é quem fala mais e consecutivamente. A fim de evitar um parágrafo excessivamente grande, que poderia se tornar cansativo para o leitor, foram executados três *cortes* — com três *modificações emocionais* —, que tornaram o quase monólogo num diálogo bem mais leve.

INICIANDO O TEXTO

Escrever o romance!

Sem dúvida nenhuma, é a parte mais difícil, que exige maior sacrifício por parte do autor e que depende, em pelo menos 98%, de muito suor e canseira. Os outros 2% ficam por conta da sorte e do talento...

Nessa fase, utilizaremos efetivamente o *processo de criação*.

Um processo que, apesar de não ser constituído por regras e normas rígidas, ainda assim implica certa metodologia. E serve também para que o autor não se perca e não corra o risco de, subitamente, perceber que não é mais dono do enredo, que os personagens estão fazendo o que bem entendem ou, o que é ainda pior, no meio de uma frase, descobrir que não sai mais nada...

A máquina travou, emperrou, a *inspiração* acabou e o livro...

Simplesmente parou.

A partir desse momento, o projeto e todas as anotações e pesquisas que fizemos a fim de torná-lo inteligível para o editor serão extremamente necessários e úteis.

Vejam bem: não quero dizer que o escritor deve se tornar escravo de seu projeto inicial, nem seguir à risca o argumento e obedecer do princípio ao fim a idéia que teve ao iniciar esta aventura.

Muito pelo contrário, o que mais comumente acontece é o romance ficar bem diferente do que se tinha planejado no início.

É normal, não se assustem.

Não são poucos os escritores que, uma vez terminado o livro planejado, começam outro, completamente diferente, e, este sim, seguindo mais de perto o projeto apresentado ao editor.

Mas estamos iniciando...

Encontramo-nos ainda na fase de, da melhor forma possível, seguir os passos que marcamos e os limites que nos impusemos no projeto.

Assim, mantê-lo ao alcance da mão o tempo todo é altamente aconselhável e ter em mente algumas pequenas regras, bem como conhecer algumas definições e pensar em alguns *caminhos alternativos*, é de fundamental importância.

Exatamente: caminhos alternativos.

Já demos o exemplo do piloto que, ao traçar seu plano de vôo, é obrigado a pensar em todos os pousos alternativos no percurso da rota. Também nós, os escritores, temos a obrigação de saber de que maneira *mudar* a rota do romance, caso isso se torne necessário.

E não devemos ter medo de tomar essa atitude!

Especialmente nos dias de hoje, com a informática a nos assessorar, permitindo idas e voltas pelo texto com um mínimo de trabalho. Possibilitando ainda *armazenar* dados, informações, trechos, parágrafos, frases, palavras e tudo mais que acaba por constituir a matéria do romance e que podemos *jogar* de uma página para outra, de um capítulo para outro ou simplesmente jogar fora, quando percebemos que *aquilo* está demais, que não ficou bom ou que não era bem o que queríamos ter dito.

Mas... Vamos lá. Precisamos começar a escrever e o início, o *sair da inércia*, é sem dúvida o pior pedaço da vida de um escritor.

Há a famosa *síndrome do papel em branco*, transformada hoje na *síndrome do arquivo vazio* no computador.

Não existe, de fato, nada mais angustiante do que aquele pedaço de papel – ou a tela do monitor – sem nada escrito, diante de nossos olhos, *dizendo-nos* que tudo está pronto para receber nossas idéias, convidando-nos, literalmente, para enchê-lo...

E a mente...

Ah, a mente, essa preguiçosa! Ela está completamente oca, vazia, sem conseguir pôr para fora nenhuma idéia.

Vamos pedir socorro ao projeto, à idéia inicial que, a esta altura, já deve estar perfeitamente estruturada. Ali está a diretriz para alguma coisa.

Muitos escritores famosos, quando perguntados sobre seu processo particular de criação, respondem: *Eu penso num bom começo e deixo a coisa fluir.*

Sem dúvida, é um excelente método, mas para quem já domina a prática de escrever e, principalmente, de montar idéias.

Ora, não é ainda o nosso caso.

Em compensação, temos, lutando ao nosso lado, ombro a ombro conosco, um computador e um programa de edição de textos que permite fazer o que quisermos com o que criamos.

Assim, para que pensar num bom *começo*?

Vamos é pensar em qualquer coisa, em qualquer trecho do romance que pretendemos escrever e – desde que esse trecho, de alguma forma, concorde com a idéia inicial – passá-lo então para o monitor. Depois, à medida que *a coisa* for evoluindo, decidiremos se esse texto será o prólogo, o capítulo primeiro, um capítulo intermediário qualquer ou o epílogo do romance.

O importante é sair da inércia, é começar, ainda que andando de lado, como um siri.

Um bom truque para começar é descrever o ambiente em que se passará pelo menos parte da ação dramática, descrever o protagonista ou, ainda, fazer um breve *estudo* histórico sobre a época em que a história acontecerá.

Quando eu escrevia histórias de faroeste, uma vez decidido que se trataria, por exemplo, de uma novela sobre um roubo de gado praticado por mexicanos, costumava iniciar o livro dissertando sobre o que acontecera de importante na política mexicana na época em que minha história se passaria. Outras vezes, já sabendo que precisaria *colocar* uma *mocinha* mais sofisticada, aculturada e rica no enredo, iniciava a novela por uma exposição de pintura em Paris, lugar aonde essa *mocinha* teria ido a fim de aperfeiçoar seus conhecimentos artísticos. Para completar os exemplos, era muito freqüente associar a crise de desemprego no Leste dos Estados Unidos com as vitórias dos trabalhistas no Congresso e com a chegada dos imigrantes italianos e poloneses a Nova York...

Nas histórias policiais e de espionagem, uma das formas ideais de *arranque* é a descrição de um aeroporto qualquer, onde o protagonista deverá embarcar ou desembarcar ou, ainda, onde o *antagonista*, por uma certa razão, venha a se encontrar.

Como se pode ver, vale tudo para *deslanchar*...

Todavia, é muito importante lembrar que de nada adianta *partir*, se não houver fôlego para *chegar*...

Insisto ainda, e incansavelmente insistirei, que: para chegar, é essencial partir do jeito certo.

O autor de qualquer tipo de ficção deve escolher uma das três rotas propostas por John Gardner em seu *A arte da ficção*:

- Sua narrativa será a expressão pura da verdade
- Sua narrativa precisa convencer o leitor de que os fatos poderiam ter acontecido
- Sua narrativa deve fazer o leitor se considerar cúmplice da mentira que está sendo contada

Dos dois primeiros casos resultará uma *obra realista*, que, portanto, deve respeitar integralmente a verossimilhança. Isso significa que o autor tem de alicerçar sua narrativa em informações concretas e corretas no que se refere à ambientação e à temporalidade. Além disso, é essencial que os fatos narrados estejam perfeitamente *amarrados* nos momentos dramáticos anteriores e subseqüentes, exatamente como ocorreria na vida real – ação provocando reação, ato levando à conseqüência.

Isso implica, como se pode facilmente inferir, um conhecimento profundo de tudo quanto cerca cada um dos personagens, de cada ambiente e da época em que a história transcorre.

E isso sem contar que é imprescindível ao autor um perfeito conhecimento sobre as emoções que seus personagens sentem, assim como suas reações.

O autor não pode esquecer que é sua responsabilidade fazer o leitor *entrar* na história e se sentir parte do enredo, identificando-se com um dos personagens e vivendo a ambientação dada ao romance.

Um bom artifício para alcançar esse objetivo é descrever o mais detalhada e exatamente possível – embora sempre de forma leve e não cansativa – o ambiente e os personagens envolvidos.

A descrição do ambiente pode chamar a atenção do leitor:

- Para elementos físicos conhecidos (geográficos, por exemplo, tais como um rio ou uma rodovia), proporcionando uma maior possibilidade de *imaginar* o momento dramático em questão.
- Para uma interação do personagem com esse ambiente de forma semelhante à interação que ele – leitor – teria, facilitando sua identificação com o personagem em questão.

A obra de ficção tem por obrigação fazer o leitor sonhar com o conteúdo do que está lendo. E uma boa descrição possibilita esse sonho.

UM ERRO GRAVÍSSIMO DO ESCRITOR É DEIXAR QUE O LEITOR SE DISPERSE, AINDA QUE POR UM SIMPLES INSTANTE, ACORDANDO DA ILUSÃO DE SONHO QUE A FICÇÃO CRIOU.

Mas estamos *construindo* nosso romance e, para isso, como em qualquer construção civil, precisamos usar *tijolos* – em nosso caso, os chamados *elementos ficcionais*.

ELEMENTOS FICCIONAIS SÃO OS DETALHES – FRUTOS DA IMAGINAÇÃO DO AUTOR – USADOS NA ELABORAÇÃO DA HISTÓRIA.

A *massa* utilizada para ligar os elementos ficcionais — e formar o percurso dramático como um todo — constitui-se das informações e da maneira como o autor junta esses dois elementos, ou seja, de seu *estilo* de narrar a história.

Perceberam a razão de pesquisar tanto? De acumular tantas informações sobre o assunto?

Conclusão

Aí está, em linhas gerais, o processo que utilizo para a criação de meus romances.

Que me perdoem os grandes entendidos, que me desculpem os professores de técnica literária.

Como todos puderam perceber, nas páginas precedentes, não há técnica alguma, mas apenas a transcrição do resultado de minha experiência pessoal após escrever e publicar 1.073 livros.

Minto...

Com este, são 1.074.

Um número que me dá o direito de, se não teorizar sobre o assunto, no mínimo opinar e argumentar.

Foi isso que fiz.

Emiti minha opinião e espero, sinceramente, que aqueles que pretendem escrever um romance – ou muitos – encontrem neste livro algumas sugestões úteis que lhe facilitem um pouco a árdua tarefa de transportar uma fantasia para o papel.

Gostaria de lembrar, mais uma vez, que jamais se deve escrever um romance – ou o que quer que seja – por mera vaidade pessoal ou por diletantismo.

Escrever é um trabalho dos mais duros e mais difíceis, e não são todas as pessoas que dispõem de coragem suficiente para enfrentar esse tipo de empreitada.

Justamente por isso, nós, escritores, merecemos a justa remuneração pelas horas passadas dedilhando febrilmente uma máquina de escrever ou um computador.

E é nossa obrigação fazer valer esse direito mais do que sagrado.

Elabore um bom contrato com o editor. Leve o documento – antes de assiná-lo, evidentemente – para um advogado e, só depois de tudo posto às claras, comece a trabalhar.

Seja disciplinado.

Este é outro grande truque.

Como qualquer trabalho, o ato de escrever precisa de um esquema, de disciplina, de programação.

E, logicamente, é fundamental que o autor siga à risca essas normas disciplinares que se auto-impôs.

Tome cuidado com a mente.

Jamais caia na tentação de verificar se é verdade que o álcool ou as drogas favorecem o trabalho intelectual.

Trata-se de uma gorda mentira, no que pese o fato de Edgar Allan Poe só ter conseguido escrever bêbado... Como sempre, precisamos lembrar que, em tudo neste mundo, há sempre uma exceção que serve, antes de mais nada, para confirmar a regra.

Seja humilde...

Não seja preconceituoso.

Não menospreze os *pocket books* e muito menos os *best-sellers*, nacionais ou estrangeiros.

Lembremos sempre que o objetivo de quem escreve um romance é vendê-lo, é sabê-lo lido por um grande número de pessoas.

Portanto, é produzir um *best-seller*.

E é isso que desejo a todos os que se propõem a *criar* um romance.

Que produzam apenas *best-sellers*.

E que possam sentir a felicidade e o alívio da missão cumprida.

Anexo

PROJETO *FRAUDE VERDE*

Ryoki Inoue

Registrado no dia 28 de julho de 1994 sob o nº 346 no Livro B-2 à Fl. 61 no Cartório do 1º Ofício de Iconha (ES)

Título
Fraude verde

Objetivo
Romance + Novela para televisão

Formato e dimensão
14 cm x 21 cm, com aproximadamente 480 páginas

Temática
Trata-se de um romance político-policial, que aborda a fraude das reflorestadoras e a corrupção político-financeira desse meio, com incursões na linha do misticismo dos ciganos, além de uma história de paixão tórrida envolvendo os dois protagonistas.

Público-alvo

Leitores amantes de *thrillers* com muita ação, suspense, sexo, escândalos político-financeiros e misticismo cigano.

Timing

Imediato, aproveitando a *onda* causada pela invasão, pelos sem-terra, de uma fazenda de reflorestamento no Mato Grosso do Sul.

Direitos autorais

A combinar.

Storyline

Um engenheiro agrônomo é contratado por uma empresa de reflorestamento e descobre que tudo não passa de um aglomerado de fraudes. O agrônomo é ameaçado de morte, mas acaba salvo pela interferência de uma dupla de advogados orientados misticamente por uma cigana a quem o engenheiro prestara socorro em certa ocasião.

Sinopse

Um engenheiro agrônomo é contratado por uma grande reflorestadora paulista e vai trabalhar na fazenda dessa empresa, perto de Campo Grande, no Mato Grosso do Sul. Toma conhecimento de fraudes inacreditáveis, presencia cenas de corrupção, assiste a crianças tomando cachaça por ordem da própria companhia para poderem resistir ao frio, vê muito de perto a fome e a miséria, o desamparo e o desprezo, a destruição do cerrado e o roubo descarado do dinheiro público. Percebe que durante dez anos cada centavo que entrou na contabilidade da fazenda veio fraudulentamente dos cofres do governo e que nunca ocorreu a venda de um só pedaço de madeira do reflorestamento nem de um único grão de arroz – plantado em quantidades astronômicas, unicamente para ser incendiado e gerar o pagamento de seguros igualmente imensos. A desumanidade da empresa chega ao ponto de não lhe permitirem ajudar um pequeno grupo de ciganos que aparece por lá. Uma das mulheres está muito doente e, mesmo contra a vontade dos patrões, o agrônomo lhe presta socorro. Em sinal de gratidão, a cigana lê sua sorte – dizendo-lhe uma porção de coisas que parecem não fazer sentido naquele momento – e lhe dá um anel com um cristal. Em seguida, quando a empresa descobre que ele está preparando um relatório para denunciar as fraudes e as barbaridades ocorridas ali, ele se vê obrigado a fugir. Sofre vários atentados e desaparece. Ele é descoberto por uma advogada que, avisada pela tal cigana, decide desmascarar todas essas fraudes e o toma como empreitada de vida. A advogada, antes do encontro, não acredita nas predições feitas pela cigana, mas fica impressionada com o que ela diz a respeito de uma empresa de reflorestamento e de um certo engenheiro agrônomo. Acaba encontrando-o por mero acaso e em meio a uma aventura amorosa que poderia ser não mais do que um descompromissado encontro. Então, tudo quanto a cigana lhe dissera começa a fazer sentido. Consciente de sua ainda pequena experiência jurídica, a advogada procura seu chefe no escritório de advocacia em que trabalha – a cigana assim o havia sugerido. Este, por sua vez, se impressiona com as dimensões e implicações do caso e com uma série de coincidências que só aí relata para a colega e subordinada. Juntos, começam a investigar, mas logo o advogado é assassinado pelos proprietários da reflorestadora. A advogada, também perseguida de perto por esses poderosos fraudadores, não desiste e continua sua batalha, juntamente com o engenheiro que, a essa altura, já se tornou sua paixão. Os dois passam por muitas dificuldades, atentados e perigos. Constantemente, e principalmente nos momentos de maior risco, são ajudados pela mesma cigana de antes – que sempre surge do nada e lhes dá as soluções para os problemas que enfrentam. Finalmente, o casal consegue um flagrante que leva os proprietários da reflorestadora para as barras dos tribunais. Vencida a batalha jurídica, a advogada e o engenheiro agrônomo decidem procurar a cigana. Descobrem então que ela estava morta havia alguns anos.

Argumento

Américo Medeiros é um advogado que, apesar de inteligente e brilhante, não consegue subir na vida e na carreira. É casado com uma mulher fútil e inconformada com a situação financeira da família – Américo trabalha já há mais de dez anos num escritório que lhe paga muito pouco. Para ele, a vida é uma rotina maçante e modorrenta, sacudida com desagradável freqüência por um profundo complexo de culpa no qual se vê impotente e ao mesmo tempo consciente de seu excessivo comodismo. O que lhe resta é um reduzido grupo de amigos, ex-colegas de ginásio, com quem costuma se reunir num boteco do centro da cidade para um chope após o expediente. Um dos componentes desse grupo, amigo mais próximo de Américo, procura estimulá-lo dizendo-lhe que não pode continuar dessa maneira, deixando-se dominar pela esposa, e que, afinal de contas, Américo precisa se valorizar em todos os sentidos. Muito místico, está sempre sugerindo que ele procure ajuda no campo espiritual. Um dia, em pleno centro da cidade, Américo é abordado por uma cigana. Ainda jovem, bonita e sensual, com uma personalidade muito forte, ela diz para o advogado que ele está vivendo de um jeito completamente errado. É impossível que a cigana tenha sido informada, por quem quer que fosse, de certas coisas que estão ocorrendo na vida íntima do advogado – e que, no entanto, ela acerta. As afirmações o impressionam muitíssimo, pois coincidem com tudo que ele vivera até então, inclusive com as desavenças matrimoniais e as pequenas aventuras que tinha, em busca – literalmente instintiva – de uma felicidade na qual ele mesmo já não acreditava mais. A cigana, para sua surpresa, recusa qualquer remuneração e lhe dá de presente um anel com um pequeno cristal, uma pedrinha de quartzo, recomendando-lhe que o use sempre. Acreditando em suas palavras, passa a usar o anel; de repente, as coisas começam a mudar. Causas importantes lhe são entregues, ele obtém vitórias estrondosas nos júris de que participa, recebe elogios, aumenta a clientela, torna-se auto-suficiente e monta seu próprio escritório num luxuoso prédio. Melhor consigo mesmo, automaticamente se põe numa posição mais independente dentro de casa, deixando de se importar com as destemperanças da mulher. Muito rapidamente, descobre que jamais houve amor. Separa-se da esposa e vai viver sozinho. Mas é um homem sensível, carinhoso e, por isso mesmo, muito carente. Isso o faz sofrer e o leva a fomentar a intimidade de que já vinha desfrutando com sua secretária. Certa noite, a cigana aparece-lhe em sonho e lhe diz para olhar um pouco mais para os lados, dar um pouco mais de liberdade ao seu coração. No dia seguinte, no elevador do prédio em que montara seu escritório, ele encontra Eliana, uma jovem advogada em busca de trabalho. Américo oferece-lhe um emprego de assistente, entregando-lhe algumas causas menores – nem por isso menos complicadas – para cuidar. Eliana se desincumbe muito bem desses trabalhos e conquista a admiração de Américo, que passa a ver na jovem a filha que jamais tivera. A recíproca é verdadeira: Eliana encara-o como a um pai e professor. Sem entender e temerosa de perder sua posição com ele, a secretária nutre o mais profundo ciúme de Eliana. Certa tarde, enquanto Américo estava numa audiência, uma cigana procura Eliana no escritório. A jovem acha aquilo estranho, pois não é hábito dos ciganos buscar a ajuda de advogados. A bela e jovem cigana conta a Eliana a história complicada de um engenheiro agrônomo que, prestes a denunciar uma podridão muito grande envolvendo uma empresa de reflorestamento, fora obrigado a fugir para não ser assassinado. A cigana não fornece dados muito precisos, mas alguma coisa em seu modo de falar e em seu olhar suscitam o interesse de Eliana pelo caso. Contudo, a advogada precisa de alguma informação mais concreta para poder começar as pesquisas, e a única coisa que a cigana lhe diz é que Américo está sabendo de tudo e tem, em seus arquivos, todos os dados que a advogada deseja. Eliana sai de sua sala e dirige-se para a sala do arquivo a fim de procurar algo a respeito de reflorestamento. Como não encontra nada, pede à secretária que procure no arquivo do computador. Volta para sua sala e a cigana não mais se encontra ali. A advogada fica aborrecida, tenta encontrar a cigana no corredor do prédio, mas ela já desaparecera. Volta para sua escrivaninha e vê, ao lado de sua agenda, o anel com um cristal que sempre estivera no dedo mínimo da mão esquerda de Américo. Guarda-o e, horas mais tarde, quando o advogado retorna, ela pergunta por que ele havia tirado o anel. Américo mostra o anel em seu dedo, garantindo que, desde que ele lhe fora dado por uma cigana, jamais o tirara. Assustada, Eliana mostra-lhe o anel que ficara sobre sua mesa: idêntico ao de Américo. Conta-lhe então o ocorrido e Américo vai buscar uma pasta numa de suas gavetas particulares. Trata-se de vários processos trabalhistas movidos contra a tal empresa de reflorestamento. Américo explica a Eliana que um dos proprietários dessa empresa, seu amigo e colega de infância, contratara-o como advogado de defesa naqueles processos, com a ordem de atrasar o máximo possível seu andamento. O advogado diz que, tanto por uma questão de ética como por amizade, não poderia agir contra essa empresa. De mais a mais, ele não pode acreditar que aquele seu amigo fosse capaz de algo tão radical quanto um assassinato. Contudo, como havia o caso do anel dado pela cigana e, como sua vida de fato mudara da água para o vinho depois que ele começara a usá-lo, decide iniciar uma investigação oficiosa. Ajudado por Eliana, ele começa a descobrir coisas incríveis, falcatruas fantásticas e fraudes inacreditáveis. Mas tudo parece ser legal, tudo está muito bem lastreado juridicamente. É impossível pegá-los. Mal consigo mesmo, Américo decide procurar o tal amigo para exigir algumas explicações e para devolver os processos que ainda estão em seu poder. É aí que descobre a espécie de amigo que tem. Há um bate-boca e, no final, uma ameaça velada — ameaça física que implica também Eliana. À noite, Eliana sonha com a cigana — que diz se chamar Milka —, e esta lhe fala que a única pessoa capaz de trazer alguma luz para o caso seria o próprio agrônomo desaparecido. Por meio de metáforas, ela conta que os ciganos poderiam informar onde encontrá-lo, uma vez que esse agrônomo, ainda que apenas honorificamente, também é um cigano. Impressionada, Eliana telefona para Américo no meio da noite e relata-lhe o sonho. Revoltado com o que o ex-amigo lhe dissera na tarde daquele mesmo dia, o advogado decide abraçar a fundo a investigação e, acompanhado por Eliana, sai à caça do tal engenheiro. Os dois começam a pesquisa procurando por informações numa comunidade de ciganos ricos, em São Paulo. Recebem, porém, indicações desencontradas, que os levam a lugares estranhos e a situações perigosas. No correr dessa busca, por mais duas ou três vezes, a cigana Milka aparece em sonhos, ora para ele, ora para Eliana; suas metáforas, uma vez seguidas, sempre os levam a se aproximar do alvo. Nesse ínterim, o agrônomo percebe que alguém está à sua procura e, como não sabe de quem se trata e muito menos quais são suas intenções, foge, esconde-se ainda mais. Quando Américo e Eliana, já cansados, começam a pensar em desistir, eles encontram, num posto de gasolina da Rodovia Ayrton Senna, um homem que usa exatamente o mesmo anel que eles. É a cigana interferindo mais uma vez no destino dessas três pessoas. O primeiro contato é muito difícil, o agrônomo com medo, querendo escapar de todas as formas. Ele só se convence ao ver os anéis de Eliana e Américo – a partir daí, conta tudo que sabe. Fala das fraudes, fala de crianças tomando cachaça para suportar o frio nos campos de plantação, fala dos incêndios criminosos, da destruição da fauna e da flora. O agrônomo conta, também, que seu ódio maior pelos proprietários da reflorestadora fora causado pelo fato de, certa ocasião, eles terem recusado ajuda a um pequeno grupo de ciganos em que uma jovem estava muito doente. Ele os ajudara por conta própria e isso havia sido a gota d'água: desde aquele momento, não havia mais lugar para ele na empresa. Américo convence-o a denunciar a reflorestadora. Logicamente, o fato chega ao conhecimento de seus proprietários, graças à traição da secretária de Américo, subornada pelos donos da reflorestadora, e motivada pelos ciúmes que sente de Eliana em relação ao advogado. Há uma série de atentados contra a vida do agrônomo e dos dois advogados, mas a cigana está sempre por perto nas horas mais difíceis, realizando verdadeiros prodígios e livrando-os de situações de altíssimo risco. Todavia, a cigana não consegue evitar o assassinato de Américo. Após o crime, o agrônomo José Ronaldo e Eliana juram levar o caso às últimas conseqüências e passam a trabalhar juntos nas investigações que Américo vinha realizando. A advogada se apaixona por José

Ronaldo. Finalmente, os dois conseguem um flagrante que incrimina e condena definitivamente os empresários corruptos e levam-nos ao Tribunal. Por uma questão de gratidão, Eliana e José Ronaldo decidem procurar a cigana que, nas horas mais difíceis, incrivelmente sempre os ajudara. Passados mais de três meses, conseguem localizar o bando do qual ela fazia parte. Mas não a encontram: ela morrera justamente naquela ocasião em que estivera doente, apesar do auxílio prestado pelo engenheiro agrônomo. Na viagem de volta para casa, José Ronaldo e Eliana param em uma praia deserta para apreciar o luar. E vêem, então, uma mulher que se aproxima. A cigana voltou para dizer a José Ronaldo que a dívida dela e de seu bando para com ele estava saldada. Diz ainda que a energia vinda da lua trará para ambos toda a felicidade do universo, e manda que olhem para a lua. Quando os dois voltam a abaixar a cabeça, a cigana não está mais ali. Na orla da água, porém, uma linda mulher com os cabelos refletindo a prata do luar cavalga, completamente nua, um cavalo branco. Ela se volta e sorri, num adeus para o casal.

Principais personagens

José Ronaldo Fernandes

José Ronaldo Fernandes é um engenheiro agrônomo, solteiro e recém-formado, cheio de sonhos e de ideais. Foi um excelente aluno na Faculdade de Agronomia Luiz de Queiroz (ESALQ – USP – Piracicaba) e, já antes de receber o diploma, estava com um bom emprego garantido: seria o assistente-coordenador de uma grande fazenda de reflorestamento no Mato Grosso do Sul. A empresa, existente desde 1972, tem cerca de 200 mil hectares com 146 projetos de reflorestamento sustentados por subsídios e incentivos governamentais. José Ronaldo aceita o emprego e vai para a fazenda. Lá, ele descobre que tudo não é mais do que um engodo, e que há uma fraude imensa por trás desses projetos de reflorestamento. Dos 146 projetos, apenas 10 estavam prontos, embora a reflorestadora já tivesse recebido por todos. Cada vez que um fiscal aparecia, José Ronaldo recebia instruções para *distraí-lo* das maneiras mais sórdidas – até mesmo com prostitutas, para depois a empresa poder fazer chantagens. Quando esse golpe era impossível, as placas de identificação dos projetos eram trocadas, de forma a fazer o fiscal imaginar que o investimento havia sido feito: só eram mostrados os projetos já executados. José Ronaldo presencia a destruição do cerrado do modo mais criminoso possível, e apesar de ser o assistente-coordenador, não tem nenhuma voz ativa na fazenda. A situação se agrava quando o presidente da empresa começa a ter atitudes de total desequilíbrio emocional e passa a cometer erros administrativos dos mais sérios. É nessa ocasião que surge na fazenda um pequeno grupo de ciganos. Uma mulher, ainda jovem e muito bonita, está gravemente enferma. Os proprietários da reflorestadora ficam sabendo da presença dos ciganos e ordenam a José Ronaldo que os ponha para fora. Não querem saber se há uma pessoa doente ou não. O agrônomo decide arcar com o problema e, à sua custa, leva a mulher para o hospital de Campo Grande. É quando ela lhe dá um anel com um cristal e diz para ele usá-lo sempre. José Ronaldo volta para a fazenda, depois de deixar a cigana internada, disposto a pedir demissão. É ameaçado de morte. Não se intimida e diz que vai denunciar tudo. Então, sofre um atentado e recebe mais um aviso: se tentar abrir a boca, morrerá. Amedrontado, ele decide desaparecer de circulação, esperando apenas uma oportunidade para contar o que sabe. Parte de Campo Grande sem dizer para ninguém seu destino, deixando para trás até mesmo os salários a que teria direito e que já estão atrasados há vários meses. Com a pressa, acaba não conseguindo voltar a Campo Grande para saber notícias da cigana.

Eliana Vieira de Mattos
Eliana Vieira de Mattos é uma advogada recém-formada que procura emprego sem qualquer sucesso há mais de um ano. Certa manhã, encontra na rua uma cigana que lhe pede para ler a mão. Eliana, apesar de mística, não acredita em ciganas e em quiromancia, e inicialmente pensa em recusar. Porém, sem que ela consiga explicar por quê, acaba deixando que a cigana veja a palma de sua mão esquerda. A cigana lhe diz que ainda naquele dia ela estaria empregada. O que acaba se tornando realidade, pois quando Eliana entra no elevador de um edifício de advogados, encontra-se com Américo Medeiros, que lhe oferece emprego e se torna seu amigo, conselheiro e segundo pai. Algum tempo depois, a mesma cigana volta a aparecer, desta vez procurando por Eliana no escritório e conta para a advogada a história de José Ronaldo.

Milka
Milka é a cigana. Jovem, bonita, sensual e mística, ela aparece quando o acampamento cigano é montado na fazenda da reflorestadora e, depois, surge todas as vezes que Ronaldo, Eliana e Américo estão em dificuldades.

Américo Medeiros

Américo Medeiros é advogado, culto, sensível, boa alma, casado com Berenice – de quem se separará –, tem perto de 50 anos de idade, e teve uma trajetória de vida bastante atribulada, cheia de dificuldades até encontrar na rua uma cigana (Milka), que lhe dá um anel com um cristal. A partir daí, em menos de seis meses, sua vida profissional muda, levando a alterações drásticas inclusive em sua vida matrimonial. Torna-se um verdadeiro preceptor e segundo pai de Eliana, para desespero e ciúme de Carmen, sua secretária.

Carmen Gouveia

Secretária de Américo e que, desde o divórcio do patrão, nutre esperanças de se unir definitivamente a ele, unicamente por interesse material – ela é amante de um grande empresário, amigo de Américo, e sócio da reflorestadora que contratara José Ronaldo. Carmen chegou a manter um caso amoroso com o chefe. Toma conhecimento das pesquisas que Américo e Eliana estão desenvolvendo sobre a reflorestadora e entrega de mão beijada importantes informações para os proprietários da empresa. Com base nessas informações, tais empresários mandam assassinar Américo.

Alberto Carlos Ribeiro Almeida

Alberto Carlos Ribeiro Almeida é sócio-presidente da Reflorestadora Itaquera, proprietária da Fazenda Jacutinga, onde José Ronaldo trabalhou. Obeso, petulante, prepotente, parece que tem o rei na barriga. É o amante de Carmen. Homem extremamente corrupto e maquiavélico, tenta sempre manobrar as pessoas de acordo com seus desejos e caprichos. Muito dado a farras e orgias monumentais, costuma freqüentar casas de massagens e fazer uso de *escort-girls*. Tem tendências sadomasoquistas. Acha que é o dono da empresa, pois possui 40% das ações – 30% são de seu pai e os outros 30% do outro sócio.

Talita Almeida

Talita Almeida é esposa de Alberto Carlos. Detesta o marido, principalmente por causa de sua obesidade e de seu gênio ditatorial. Contudo, ela o suporta, pois vinda de uma família humilde, sabe que depende do dinheiro de Alberto Carlos. Absolutamente insatisfeita no matrimônio, aceita o assédio de Leon Chaveri, sócio do marido, e torna-se sua amante.

Pedro Augusto Ribeiro Almeida

Pedro Augusto Ribeiro Almeida é pai de Alberto Carlos. Viúvo. Costuma se relacionar com prostitutas de alto nível, embora já seja idoso e impotente. Viciado em corridas de cavalos, perde uma fortuna no Jockey Club e vende secretamente sua parte na empresa para Leon Chaveri, o outro sócio, fazendo que seu filho deixe de ser o acionista majoritário.

Leon Chaveri

Leon Chaveri é o verdadeiro dono da Reflorestadora Itaquera, pois adquiriu a parte de Pedro. Pequeno, franzino, envolvente, muito esperto e sagaz, Leon é o arquiteto de todas as fraudes e é quem decide pelo assassinato de José Ronaldo, Eliana e Américo Medeiros. Não consegue matar o agrônomo, mas o advogado é morto. Muito amigo de políticos importantes, ele controla tudo de seu escritório na avenida Rebouças, em São Paulo. Casado com Júlia, é amante da mulher de Alberto Carlos, Talita, que o ajuda a tramar contra o próprio marido.

José Lincoln Gonçalves

José Lincoln Gonçalves, Lilico, é o homem de confiança de Leon. Rude, mal-educado, grosseiro, forte como um touro e exímio atirador. É ele que assassina Américo Medeiros e tenta matar José Ronaldo. Fica o tempo todo na fazenda, saindo de lá apenas quando chamado por Leon, normalmente para executar algum serviço sujo.

Joaquim Fidalgo

Joaquim Fidalgo é o homem da contabilidade da fazenda. Braço direito de Leon, é ele quem providencia os incêndios e comanda as trocas de placas de identificação dos projetos de reflorestamento. É, também, o rei dos prostíbulos de Campo Grande; por isso, é o responsável por arranjar mulheres para os fiscais que aparecem por lá.

Temporalidade e ambientação

A história se passa em São Paulo e Mato Grosso do Sul (cerrado, Ribas do Rio Pardo e Campo Grande), durante a década de 1980 e início dos anos 1990, com poucas incursões nos anos 1970.

Plot principal

A epopéia de José Ronaldo. A formatura, o contrato com a reflorestadora, a vida na Fazenda Jacutinga, os golpes contra a fiscalização, os negócios e as reuniões em Campo Grande e em São Paulo, o relacionamento com Alberto Carlos, Pedro Augusto e Leon, os incêndios nos talhões de floresta artificial, o fogo e a destruição do cerrado, as crianças bebendo cachaça para resistir ao frio, a fuga após uma tentativa de assassinato.

Underplot I

A vida na Fazenda. O enfoque de Joaquim Fidalgo, Lilico e outros personagens secundários, na sede. Gravidez de uma das empregadas, o casamento, as festas juninas, as vilas de funcionários, a resignação e as dificuldades dos que trabalham no plantio de eucaliptos.

Underplot II

A trajetória de Américo Medeiros.

Underplot III

A trajetória de Eliana Vieira de Mattos.

Underplot IV

A trama na Reflorestadora Itaquera. A traição de Pedro e de Leon, a ostentação, a vida milionária dos três sócios, a queda de Alberto Carlos, o envolvimento de políticos, as fraudes, o dinheiro sujo, o caso de Talita e Leon, a devassidão e os vícios de Alberto Carlos e Pedro Augusto.

Underplot V

A vida no acampamento cigano e as aparições místicas de Milka. O envolvimento dos ciganos com a comunidade, o artesanato cigano, os truques de mágica e malabarismo que fazem para sobreviver. Amores e festas ciganos.

Impressão e Acabamento:
Geográfica editora

------- dobre aqui -------

Carta-resposta
2146/83/DR/SPM
Summus Editorial Ltda.
CORREIOS

CARTA-RESPOSTA
NÃO É NECESSÁRIO SELAR

O SELO SERÁ PAGO POR

grupo editorial summus

AC AVENIDA DUQUE DE CAXIAS
01214-999 São Paulo/SP

------- dobre aqui -------

summus editorial

CADASTRO PARA MALA-DIRETA

Recorte ou reproduza esta ficha de cadastro, envie completamente preenchida por correio ou fax, e receba informações atualizadas sobre nossos livros.

Nome: _____ Empresa: _____
Endereço: ☐ Res. ☐ Coml. _____ Bairro: _____
CEP: ____-____ Cidade: _____ Estado: ____ Tel.: ( ) _____
Fax: ( ) _____ E-mail: _____
Profissão: _____ Professor? ☐ Sim ☐ Não Disciplina: _____ Data de nascimento: _____

1. Você compra livros:
☐ Livrarias ☐ Feiras
☐ Telefone ☐ Correios
☐ Internet ☐ Outros. Especificar: _____

2. Onde você comprou este livro?

3. Você busca informações para adquirir livros:
☐ Jornais ☐ Amigos
☐ Revistas ☐ Internet
☐ Professores ☐ Outros. Especificar: _____

4. Áreas de interesse:
☐ Educação ☐ Administração, RH
☐ Psicologia ☐ Comunicação
☐ Corpo, Movimento, Saúde ☐ Literatura, Poesia, Ensaios
☐ Comportamento ☐ Viagens, *Hobby*, Lazer
☐ PNL (Programação Neurolingüística)

5. Nestas áreas, alguma sugestão para novos títulos?

6. Gostaria de receber o catálogo da editora? ☐ Sim ☐ Não
7. Gostaria de receber o Informativo Summus? ☐ Sim ☐ Não

Indique um amigo que gostaria de receber a nossa mala direta

Nome: _____ Empresa: _____
Endereço: ☐ Res. ☐ Coml. _____ Bairro: _____
CEP: ____-____ Cidade: _____ Estado: ____ Tel.: ( ) _____
Fax: ( ) _____ E-mail: _____
Profissão: _____ Professor? ☐ Sim ☐ Não Disciplina: _____ Data de nascimento: _____

Summus Editorial
Rua Itapicuru, 613 7º andar 05006-000 São Paulo - SP Brasil Tel. (11) 3872-3322 Fax (11) 3872-7476
Internet: http://www.summus.com.br e-mail: summus@summus.com.br